BuddhAll

BuddhAll.

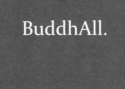

All is Buddha.

BuddhAll

開悟之前

Before the Enlightenment

七個日夜迴照自性的印度禪堂

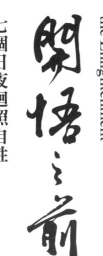

目錄

叄 因緣所生

肆 空生出色

伍　樂是苦因

陸　默然寂照

出版緣起

佛陀依禪出教，達摩藉教悟宗，生生世世因緣，受諸佛菩薩導引，以全身命藉教悟宗，善以全悟在禪證實踐，如實依禪出教。

從十歲開始，我將一生的主軸放在禪修實悟，開始遍閱經藏佛典，歷參諸善知識，為的是有個真實入處。而此生福厚，一直能具足勝緣，在禪修正法中，得以善入，心中對法也有了如實決定。因此，在上聖下嚴恩師的指示下，開始了傳禪因緣，一晃眼四十年已過去了。

我從參禪入手，在話頭有個歇處，後入默照，體知兩者並無二端。正如二〇〇六年，我在紐約大覺寺主持禪七，聖師以孱弱之軀法駕象崗，當我前去拜謁時，師問我：「以何教人？」我答以：「以話頭、默照。」師驚訝而問：「我早期僅教話頭，並未教你默照禪。」我答以：「師父，話頭中自有默照在。」師喜之。

我的一生中，可說是以「海印三昧」及「金剛三昧」這二大禪觀三昧，作為修行最根本的依止。在讀大學的時候，就在宿舍房裡貼著一幅對聯：「海印三昧境，如來清淨禪」，橫批為「金剛喻定」（金剛三昧）這是我生生世世的修行依止。而我在觀行修證上，則是依「緣起大智度，行證瑜伽師」為準則，以龍樹菩薩所造的《大智度論》，及彌勒菩薩宣說之《瑜伽師地論》作為觀照行證的因緣。

而在教禪的過程中，我逐漸的將眼光，放在佛陀與龍樹的禪法教學。因此，在經行上，我除了運用禪門傳統之外，更輔以佛陀時代的森林經行，與自創「極限經行」，並加上佛陀、龍樹的究竟心要。不只希望在現代繁忙的社會中，讓大眾迅疾獲利，更祈願大家在入禪之時，能當下入定開慧；最重要的是能運用在日常生活之中，相續成就。

因此，除了精深的禪觀統攝及教學之外，我也將許多個別的禪法，單獨發展成適合忙碌的現代人隨時可用且成效卓著的方法。例如，一九八三年我在深山閉關所創發的「放鬆禪法」有聲導引，除了運用在各界身心解壓教學，在九二一震災、汶川大地震、高雄氣爆等亞洲重大的災難中，更幫助成千上萬的災民遠離災後壓力症候群，目前全球已超過百萬人使用。二〇〇三年，我結合佛身生理學及禪定學，發展出妙定功法門，用簡易的功法，迅速解除人體壓力點，回復完全放鬆、沒有壓力的身心，自然安住於寂定，自然生起智慧和慈悲之心。

從一九七八年傳禪至今，已經歷四十年。四十年在人的一生中，雖然極為長久，但就無死的生命而言，只如短暫的一瞬。但當如實觀照這一瞬當中的心心念念，卻體悟其不變隨緣與隨緣不變的實相。

當一個人以菩提願力成命之後，生生世世即以大悲深願為鎧甲，邁步走向無上菩提的道途。因此，此生自覺以禪法教授為核心之後，上承如來禪教，安步龍樹菩薩禪旨，輔以禪門及諸宗勝義，以圓滿這一時代的禪法。多年以來，除了主持禪十、禪七，及各類禪修之外，並時時自醒此生因緣，乃是整理及教授佛陀二千五百年來的禪教。

從一九七八年開始，我隨因隨緣的教授禪法時，就一直感覺未能將佛法禪觀做較完整的整理，雖然我也陸續開講了禪定學，但多年來一直未能進一步將禪觀實修的次第作有系統的講授，總覺遺憾。直到一九九四年，在清晰的體悟中，覺知開講完整禪觀的因緣已至，因此從一九九五年起，開始宣說「圓頓禪人高階禪觀修證課程」，從一九九五年至二〇〇二年，八年期間，共計講授了百種三昧禪觀，而在類別上則涵蓋了「根本禪法」、「大乘三昧」、「佛菩薩三昧」、「密教三摩地」及「佛果三昧」等五大類別，可說是總攝佛法中最重要的三昧禪觀。二〇〇五年，我將八年來所修造之高階禪觀法門教授綱要及偈頌法本，結集成《禪觀祕要》一書出版，攜至菩提伽耶供養佛陀座下，深感此生化緣已了。

二〇〇八年，由於佛陀的導引，有緣來到了佛陀成道的菩提伽耶主持禪七，這是永遠無法忘懷的殊勝，也是將身心性命供養佛陀與眾生的善妙緣起。

在佛法的一代時教當中，一切勝因都來自佛陀在菩提伽耶金剛座上的大悟。因此，印度大覺禪七，乃是此生中最重要的禪七之一，也是上承佛陀普化眾生的最勝因緣。所以，以二〇〇八年印度的禪七，為「開悟講堂」系列的初始，正是感恩佛陀，並表示究竟傳承的意旨。

「人間才是禪堂」，這是我一直告訴學人的。一般在禪堂中的修行，只是訓練，只有人間才是真正的禪堂，也只有在人間能觀自在，才是真正禪者的行處。

四十年來的禪法教授，讓我了知一個禪者在人間的妙用，世間多一個真修實證的禪者，即是對世間最大的利益！也因此，希望能繼續將如來的真實禪法，不斷傳授於世，生生世世，永續不斷。

三十多年前，一九八六年我提出「十萬禪定師」計劃，希望為人間培訓十萬名禪定師，以禪定做為現代及未來太空時代，人類身心昇華革命的具體方案。在課程的規劃上，大致上分為五階：「禪法正修班」、「妙定禪修班」、「禪法精修班」、「禪法大覺班」、「三摩地成就班」，從初級到高階，循序漸進培訓。

十萬禪定師計劃，以目前地球七十億人口來計算，十萬禪定師每一位要指導七萬人，也就是十萬個菩薩帶領各自的淨土眷屬，匯集成地球淨土，進而將佛陀的大覺禪法，貢獻給宇宙星系他方世界的生命。

開悟講堂系列的出版，結集了歷年來我在世界各地主持禪七的修證教學，祈願以此供養一切有情，依禪出教，藉教悟宗，同證大覺，圓成全佛！

洪啓嵩

自序

往昔在佛陀前發起的勝願，圓滿了這一次的大覺禪七。二〇〇八年來自全世界的一百零八位團員，從台灣、中國、美國、歐洲等地會集到佛陀成道的聖地，重新體悟二千五百年前佛陀在聖地菩提樹下的開悟因緣。

禪七，即源自於佛陀在印度尼連禪河畔的菩提樹下坐禪，夜睹明星的廓然大悟，七日證道。在菩提達摩東來，禪宗開始弘傳後，禪七逐漸形成具有特色的中華禪修形式，成為祖師方便中的方便，精進禪七與參禪一旨相合，而行於天下。

宋朝的高峰原妙祖師云：「誠能如是用功，如是無間，一七日中，若無倒斷，妙上座永遭拔舌犁耕。」並說：「誠能如是施功，或三日，或五日，或七日，若不徹去，西峰今日犯大妄語，永遭拔舌犁耕！」

若行人有釋迦牟尼佛的奮迅自誓，祖師保證一定開悟。「倒斷」或「徹去」皆為開悟之意；「拔舌犁耕」乃是拔舌地獄，祖師大悲心切為世人顯示禪七功德，而立此重誓，實在不可思議。

禪七中，旨要剋期取證，「打得生身死，方得法身生」。要有這樣的大決心、大勇氣，決定成佛，證得眾生本具的靈明覺性。不僅在禪堂中，更能在平時，甚至面臨生離死別時，在獄中等待死刑時，被折磨時，被考驗時，求生不得時，求死不能時……，也能在其中得到完全的自在，完全明白，完全透徹，完全光明，這才是悟道的本色，這才叫禪家風光。

禪七原旨並非在七日中修行參究而已，而實是在七日中考試，考的正是平常功夫。故自宋以來，打七的禪堂又稱為「選佛堂」，換作今日的語言，禪堂就像奧運的訓練場，禪師在場中選選手，投入正式的人間道場。

這一場「選佛」，是印度兩千五百年來的第一場禪七，十五天踏實的朝聖行履，包含禪七（即本書收錄的內容）、聖地巡禮、國際齋僧大會、娑婆世界地球大護摩火供法會、未來佛的授記—髮供養，每一步都踏在法之本源、自心之本源。

每一天能在正覺大塔旁，佛陀成道的菩提樹旁坐禪、繞塔，這種難以想像的情景，是每天都能觸摸到的幸福，摩訶菩提寺宛如成了自家後花園，就好像每天都去老爸爸家裡走動走動，安適自在地坐禪。

禪七期間，一大早清晨天色尚未明透之時，若天氣晴朗，我就會帶領大眾，進行清晨的戶外經行、坐禪，再依照禪眾的身心狀況、現場的機緣，有時回到禪堂用功，有時在不同的寺院打禪。

每天清晨坐禪之前，首先由美國佛教會紐約大覺寺的法師，以莊嚴的梵唄帶領大眾，我在一九八三年閉關時所寫的「參禪淨課」，學生們將之引為本次的早課，從皈命三寶、發心度眾、懺悔業障、持誦心經，如是真誠發願。百人齊誦中國式的梵唄，在公元二〇〇八年的我們和公元前五〇〇年印度的佛陀，在菩提伽耶的正覺大塔旁，超越時空兩千五百年的交會，如夢似幻。

清晨正覺大塔外雖然寒風襲人，但虔誠的信眾早已群聚在菩提樹下禮拜、誦經，甫開門的正覺大塔就熱鬧非凡，午後時分更是人山人海，禪眾們帶著各自的參禪坐具來回於禪堂間，百人的隊伍，全然禁語、靜默，自然的在路上形成一支靜默而有紀律的隊伍。

無處不起的鳥叫聲、自然的聲音、唱頌聲、喇叭聲，有小販兜售鮮花、有人交談，所有的一切相交結在一起，但是禪眾們安定的身心卻與外界產生了不可思議的和諧。六塵進入心，就像一面鏡子。當一面鏡子照著一千個很複雜的景象，跟一面鏡子照著一個人，照到最後都是一樣的。我們所面對的，永遠是一緣。

因為天氣寒冷，但印度的太陽溫暖照人，我也隨緣宣說太陽融入己身的甚深光明觀想，進而觀想佛入我身，我入佛身，這是我最深的觀想方法，但卻也是最簡單最生活化的觀想方法。不一定要苦苦追著禪師學習三十年，佛法是平常事，是每一個人自性中本具的，如同佛陀在菩提樹下的開悟，各位是跟自己學，跟佛陀學，而我是虛幻的幻影。各位都是圓滿的佛陀，這是我深刻的體悟。

這次大覺禪七的機緣著實難得，當確定要在菩提伽耶主持禪七後，我決定恭繪一幅釋迦牟尼佛成道相，手邊剛好有長五公尺、寬三公尺的紙可用，剛好又有夠大的桌子可以作畫，剛剛好地完成了這幅畫作，空運至印度，作為本次室內禪堂——世界華僧朝聖會館（Taiwan

Temple）的禪堂主尊。

而禪七圓滿次日，緊接著「國際齋僧大會」，假日本大乘教會館舉行，供養印度、錫蘭、不丹、西藏、日本、緬甸等世界各地百餘位出家僧眾，三十多個寺院團體前來應供。齋僧圓滿之後，大眾將此畫作迎請至正覺大塔，由不丹的喇嘛僧眾為首，以莊嚴低沈的法器唱誦，百餘位各國僧寶隨行在後，陣容浩大地前進正覺大塔，許多外國的觀光客也加入迎佛的隊伍。

佛畫到達正覺大塔山門前（寺院正面的樓門，印度偉大君王阿育王建於兩千三百年前），由於佛像太大，無法繞塔，正在思維之際，忽然來了兩位工作人員，抬著好長的梯子，在眾人還未反應過來時，已爬上高高的山門，迅速將大佛掛上山門。令人驚訝的是大佛與山門的尺寸竟然完全吻合。

巧合的還有這一件，二〇〇七年我於美國大覺寺主持完禪七後，尼泊爾多波基金會寧瑪仁波切便送來菩提伽耶摩訶菩提寺的衣缽，此衣缽由十七世大寶法王供養，並穿在釋迦牟尼佛身上，這個來自聖地佛陀的訊息，正是促成本次大覺禪七的因緣。

而在禪七圓滿之後，涅槃寺的住持法師交付予我佛陀身上一件金色法衣，第二件是南傳及顯教出家人穿的袈裟色，第三件是藏傳佛教喇嘛所穿的藏紅色，象徵佛法的傳承匯聚一流。在佛陀成道地菩提伽耶，及涅槃地拘尸那羅，分別迎請到佛陀身上所穿的法衣，讓我感到因緣的不可思議。

感念在禪七期間，所有的禪眾受到菩提伽耶各方的大力支持，日本大乘教會館更特別封館供禪眾經行、繞佛、坐禪，這都是相互成佛的機緣。

最重要的是，當我們到達了菩提伽耶，這娑婆世界的覺性中心，回到最親近的佛陀身旁，終將明白真實的菩提伽耶是在你的心裡，凡所立處皆是菩提伽耶，都是無上金剛寶座，祈願所有閱讀此書的讀者，亦能到達自心的本源，因為當你開始為生命增上而走向內在，迴照自性，這即是一場意義深刻的佛陀授記大眾終將成佛之旅。

編者前言

作者洪啟嵩禪師自二十歲（一九七八年）開始傳禪，迄今已四十年餘，佛法著作與主編的書籍將近三百本（早年著述多以不同筆名發表），內容涵蓋大小乘、顯密教、南傳北傳、教下宗門、漢藏佛學等，著作之豐讓許多海內外的華文讀者、圖書館直覺地認定洪啟嵩肯定是個宗教界的「歷史人物」，為此亦鬧出許多趣聞。

然洪啟嵩禪師這四十年來不僅著述、講學、主持禪修從未止歇，自一九九五年起，藝術創作的數量更是驚人，其所繪之曠世巨幅佛畫——世紀大佛——更在二〇一九年六月獲得金氏世界紀錄認證「世界最大畫作」，這個在藝術領域的「洪啟嵩」更難讓人與前面所述的「洪啟嵩」聯想在一起。

但洪啟嵩禪師就是這樣的一位禪者。雲岡石窟研究院張焯院長曾這樣形容他：「洪老師初來雲岡，清秀儒雅，謙和瀟灑，而談吐不凡、大言如佛，我僅以戲言觀之。數年交往，居然樣樣兌現，事事精彩，每每出人意表，不禁讓我由衷地讚賞。」

禪師在不同的媒介、領域深耕，其實都在傳達同一件事——佛法，與幫助人們開悟。面對不喜歡讀經典的人，禪師用藝術的方式展現；面對不同信仰者，禪師教你行住坐臥的放鬆方法。如同在禪七期間，禪師用他的手段、各種善巧方便，在每個剎那間幫助修行者進入更深的悟境，故說世間與禪堂沒有纖毫的分別。這樣善巧的禪師，在禪堂的風貌又會是如何呢？

本書的開示來自洪啟嵩禪師二〇〇八年一月於印度菩提伽耶主持的禪七，這是佛陀成道二千五百五十一年後，菩提伽耶的第一場禪七。從一九七八年起洪啟嵩禪師指導的禪修已超過百場，足跡遍佈全球，每一場都是獨一無二的珍貴教言，隨著打禪地點、法脈源流、季節氣候應機變換，無處不是悟道禪機。

本場並非是禪師帶領的第一場禪七，但由於佛陀在菩提伽耶的證道，其具有承先啟後之深刻意義，同時也是禪師首次將話頭禪隱於默照禪中的一場禪七。有感於此，我們整理了數量龐大的珍貴音檔、影像、照片，首先以本場禪七作為開始，經過數月聽打、修潤、校正，並盡可能保留禪七的氣氛，與禪師時而莊嚴時而妙語靈動的語氣，在屆滿十年之際，編輯而成此書。

本場禪七，白天以靜坐、經行（或於聖地繞佛經行）為主，書中收錄禪師的開示與數篇經行導引；夜晚為禪眾講授修習禪法的法門與參禪悟境，並透過《佛本行集經》、《宏智禪師廣錄》闡釋禪修精要與境界。

每一場開示導引各自成圓，篇篇又連貫相續，似有修行次第藏於其間，又隱於無形，其目標一致，直指每個人本具的圓滿智慧。禪眾在禪七期間的身心變化，禪師皆敏銳觀察，或解惑，或警惕，或陪伴。日子一天一天推進，禪師的開示更加細密、深入、奧妙，句句棒喝，鏗鏘有力。

故本書將禪師的開示逐日、逐時依序呈現，建議讀者按照同樣的時間序閱讀，彷彿自己便是在場的一位行者，感受那初到菩提伽耶聖地的風塵僕僕，眼、耳、鼻、舌、身、意一點一點收攝的過程。當疑情煩惱產生時，也許恰巧在禪師下一場的開示中即刻被解開了，這樣的共時性總是奇妙又真實的。

而一次次重返書中，像打了一場又一場的禪，蛻去一件件染垢之衣，解開生命不同層次的疑難，終將明白自己的覺性從未失去。讀者不妨親身體驗，畢竟「此生不向今生度，要到何時度此生」呢？

起七
決定成佛

Before
the Enlightenment

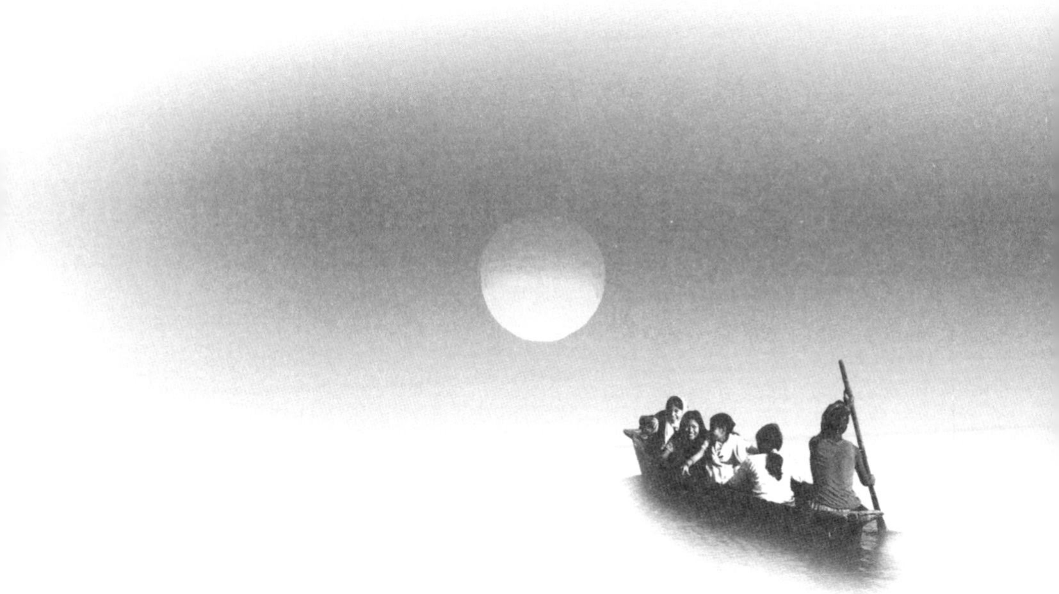

夜間開示

佛不是舊有的
也不是新成的

上午禪眾陸續抵達菩提伽耶，在人山人海的正覺大塔旁，禪師在開放的空間帶領大眾禮佛、繞塔經行，夜晚回到世界華僧朝聖會館禪堂正式起香。

「各位佛陀晚安！」
「……」（眾人沉默）
「你們怎麼沒有承擔力啊！（眾人笑）
很多人一聽到這樣的話——『你是佛』，他不敢當；
你告訴他『你不是佛』，他又好生氣啊！
人啊！心常常在猶疑之中。我們來這裡做什麼呢？來這裡做決定。
做什麼決定呢？決定成佛也！」

隨順因緣

在禪七禪旅期間有些狀況很難掌握，如現在各位打坐的地板是地布而不是地毯，所以我們沒有辦法跑快香，若是跑快香就會看到一群人打保齡球了，那可不成！因為各位佛陀是很寶貝的！

另外，用這大理石的地板來跑快香也不好，實在是太冷了。很多人說跑快香很好，跑快香會狂心頓斷、身心清涼，但現在不跑快香也有人說：「老師你的招數少一招了！」少一招就少一招了，凡事總要隨緣。

這也是一個很好的緣起，怎麼說呢？看看後面，有一尊大佛陪著你們打坐（中華大覺寺主尊釋迦牟尼佛），好過癮啊！或者可以說，大佛監視你們打坐，這就看你們的心怎麼想了，我坐在前面，我感覺到十分的歡喜。

人生，總是有得有失，因為我們遠在此邦，條件如此，只有盡可能運用所有的條件，來成就我們的覺性。我問你們一事，各位平時居住在台灣或是在世界各地，突然來到印度也許會發現四周隨時隨地有煤煙，走在路上常會踩到「黃金」，可能有不淨的味道，你們會習慣嗎？如果這裡跟修行完全無關，也不是佛陀成道的地方，你們願意居住在此嗎？同時你們也發覺到很多跳脫常理的事情，例如明明地上比我們的鞋子還髒，為什麼要脫鞋？這是入境隨俗，表示一種尊敬。在印度的任何地方，不管是佛教寺院，或是其他宗教的地方，都是要脫鞋進去，這是一種隨順。

雖然外在環境與我們習慣的環境不一樣，我們是不是一樣很歡喜來這裡修行呢？我想每一個修行人，如果心中的覺性有稍微開啟，來菩提伽耶會感覺到特別不一樣。

看你們的坐都不是入定，而是被定住了，你們早上坐了兩個多小時啊，自己也沒發現吧！你們有這樣坐過嗎？沒有！明明被定住了，這是為什麼？是後面的佛像把你定住了嗎？其實後面「沒有」佛像，你們就這樣被定住了，也沒有過這種經驗，然後入定不能動了也不知道，還奇怪怎麼會這樣子？所以菩提伽耶這個地方確實有它一個很深層的力量存在。

會入定而出不了定，其實是定力不大好的人才會如此，有人會說他的定力很好，才會在那入定不能動。但定在那不能動代表什麼呢？就是你定力不足！這樣講很奇怪嗎？你定在那邊不能動了，是因為你能入定不能出定，那代表不自在，就是定力還不夠。這是下一個層次要講的，就目前來講，外境對你們的影響還是很大。

起七

我們有緣在此打禪，真是一個很殊勝的緣起。禪七其實早已經開始了，現在一起來誦念起七偈，這是我今天早上寫的——

〈**佛陀伽耶大覺禪七起七偈**〉

法性心都大覺海　本然圓滿眾成佛
始覺本覺現成就　見佛成佛全佛陀
金剛菩提場　地球禪者聚

法界圓相會　無上菩提證
道樹全佛海　如來無上覺
離心意識參　誰爾不成佛
噫！
南無本師釋迦牟尼佛
見佛是佛
喝！　一切現成
起七

菩提伽耶有時翻譯成「佛陀伽耶」，一般稱為菩提伽耶，都是一樣。我們在菩提伽耶打禪七，大覺禪七的意義在什麼地方？佛陀在這裡七日成道，七日成就大覺，依此我們也希望能夠七日成道。成道又是什麼時候呢？成道不在過去、不在現在、不在未來，如果落入時間，何時起？何時滅？真正悟道的人是脫離時間、空間的，所以不是舊有，也不是新成。

第一句「法性心都大覺海」，什麼是法性心都？我認為這個菩提伽耶是娑婆世界的覺性中心，不管它的外在如何，在佛心裡是我們的大覺體性，大覺依此能成就，所以稱為法性心都。過去當然沒有這樣的名稱，這是我隨手拈來，說明覺性的核心在此。

覺性的中心在何處呢？在菩提伽耶。菩提伽耶又在何處呢？真實的菩提伽耶不是這些建築，不是那棵菩提樹，也不是摩訶菩提寺，不是金剛寶座，真實的菩提伽耶是在你的心裡面。當你們能聽到這一點，在在處處都是菩提伽耶，你所立處就是菩提伽耶。

各位！我帶大家來這裡打禪，這只是一個契機，不是要大家在此處落腳，但是我希望將來有機會，我們能夠在這裡有專門修行的地方，因為這是很好的因緣。不管是現在或是將來，我們來到這裡修行，最重要是從這邊把菩提伽耶的心帶回去，把大覺的心帶回去，也就是凡所立處都是菩提伽耶，都是菩提處，都是無上金剛寶座，所以我跟各位來這邊，是希望大家發現你們自己本來是佛，你們都是佛。

生命是很無常的，但是覺性沒有常、無常。世間的一切有生必有滅，所有的音聲像一彈指，過去就沒有了；像我的聲音會慢慢沙啞，有一天我會發不出任何聲音，會有多快呢？我也不知道，因為對我來講，每一剎那都是無窮劫，但是有一天我是會走的。生命是很無常的，無常對我們的覺性、如來體性又有什麼障礙呢？沒有，因為不落入因果、不落入無常當中。問題是我們都用生滅的心來看待本心，所以永遠在虛幻中去安住虛幻，這個虛幻對我們而言就變成了真實。但是我們真真實實的知道這些幻化而能遠離，就能體悟真性覺悟；當你能體悟到真性的時候，既然性是真，哪還有真假？

今天我蠻感動的，各位在外等候時，我出去一看，就像看到一支紀律嚴整的軍隊！隊伍排得很好，這也不是我交代的，是執事們展現出來的組織能力。我對世間事從不插手它的發展，只要它長出從根部發展出來的東西，不管是有子或是無子的水果，或者是稻子，結果不一樣，味道也不同，但是每一個都很了不起。所以這一次我對大家還有執事們感到更安心，因為世間是無常的，既然世間無常，一切變化很快，大家也會開悟得很快，修行人也會愈來愈多。

這些緣起點點滴滴在心頭，例如各位前方懸掛五公尺的〈成道佛〉，是我為了本次朝聖所繪的。我從未想過會畫出這張佛畫，為什麼呢？因為我根本不會畫畫，但是有同修希望我畫，我就畫了。畫的時候也剛好有這樣大尺寸的紙張，你們看這張紙高達五公尺，是全世界目前最大的紙，剛好有，又剛好讓我得知，就剛好拿來用，剛好畫出這樣一張畫，又剛好有夠大的桌子可以畫這幅畫，什麼事都是剛好啊！事情就是這樣，簡單去做就是！

就像去年在美國大覺寺主持完禪七後，剛好尼泊爾多波基金會寧瑪仁波切送來菩提伽耶摩訶菩提寺的法衣，此為穿在釋迦牟尼佛身上的法衣，由第十七世大寶法王所供養，這是我們心中的本源之處，兩者沒有差別，剛好摩訶菩提寺的「摩訶菩提」就是大覺的意思，當時這個信息來了，就很自然地，有一天早上我醒過來，就決定到菩提伽耶舉辦大禪七，大家也剛好有空與會，謝謝大家！

任何事情不是都會剛好，就是要「恰恰用心」，就像永嘉玄覺〈奢摩他頌〉說「恰恰用心時，恰恰無心用，無心恰恰用，常用恰恰無。」既然是剛好的，那就「這樣」，「這樣」就是如來！無所從來，無所從去，現因現緣，如來成就。到最後，剛好大家會怎麼樣呢？剛好大家都會成佛！

大家既然來到這裡，我們就是要來成佛，成佛是在哪裡成呢？在你的心裡成佛，所以「法性心都大覺海」，第一個是講菩提伽耶，第二個意義是指任何地方。如同《心經》中「觀自在菩薩，行深般若波羅蜜多時」，這講的是觀自在菩薩，另外一個意思是每一個人都能夠做觀自在的菩薩。所以在我看來是「本然圓滿眾成佛」，大家恰恰用心時，恰恰無心用，無心恰恰用，常用恰恰無，恰恰都成佛。在我看起來，你們剛好恰恰是佛。

我教禪也是恰恰很嚴格，為什麼呢？因為你們是佛，所以我必須尊重你們，很多事、很多規定，想想也沒有什麼道理，例如貼上「禁語」，你們覺得這是給大家看還是給老師看的？我說是貼給我看的，所以我從來不跟你們說話，是嗎？佛陀也說他說法四十九年從來沒有說過法，這也是我可以學習的。

但是佛陀為什麼要這樣說？其實這只是一個緣而已，眾緣會合，要讓大家從這裡去超越一切語言、思惟，所以才禁外語、內語、心語，根本是斷心語，一切無所從來、無所從去，只是這樣子而已，所以「本然圓滿眾成佛」，大家會成佛，這在我眼中是很清楚的，大家是佛！

各位！今天跟大家講話的地點是在什麼地方呢？是佛陀正等正覺後第四個七日的地方，佛陀在那泯然入定，他的身上發出五色虹光，發出五色是有道理，雖然道理是人講出來的。其實很多經典，我會看作是佛陀對我們說法，也是佛陀對自己說法。我有把你們認為你們不是佛嗎？如果我有這樣的看法，那就不是無緣大慈、同體大悲了。佛陀對我們的信心永遠是比我們的大，為什麼呢？因為他看到你們都成佛了，你們還在糾纏「是佛嗎？不是佛嗎？」總是不能做個決定，既然大家有緣來這裡相會，就在今日作個決定吧！

「始覺本覺現成就」，始覺是什麼？「即時豁然，還得本心。」這「豁然」是《維摩詰經》所講，那是你的本心迷了嗎？本心如果迷了，豁然還得本心就變成還得本迷了，所以本覺不是覺悟到自己迷了，而是瞭解到你只是離了覺，覺悟從來沒有失去，始覺之時發現覺悟從來沒有失去，所以始覺還同本覺，始悟本然是佛，佛不是舊有的，也不是新成的，所以是「始覺本覺現成就」。

「見佛成佛全佛陀」，所以見佛就是見到自己，我們自身成佛，一切就是佛陀！

「金剛菩提場」，就是這個地方，我很喜歡，也希望將來有緣在「金剛菩提場」本地的菩提伽耶能有一個禪堂，運用最少的因緣來讓大家獲得最好的成就。

在佛陀悟道第一個七天的白塔，佛陀坐在那裡凝視菩提樹的地方。他們稱之為「支提」，我們譯成「塔」。其實這個塔在印度佛教建築裡有三種型式，第一種是塔（梵 stūpa），塔是實心的，中國的塔變化成空心的，所以中國的塔可以登臨，印度的塔都是一個一個實心疊上去，那是供奉佛陀或是聖者身骨的地方；另外一個是精舍、僧舍（梵 vihāra）作為居住、修行的地方，例如祇園精舍，都是住人的。祇園精舍的所有建築物有什麼特別的呢？有一個很重要的，就是沐浴的地方，佛陀住的任何地方一定會有很好的浴室，因為佛陀很重視公共衛生。第三種就是禮拜用的「支提」（梵 caitya），是佛陀今生或本生譚之聖地，所建供養、禮拜之建築物。

有一本書《尋找藥師佛》，作者是一名西方人大衛克羅（David Crow），他去學藏醫，翻成中文時請我寫導讀，我對所有的醫學都很尊重，但是要我寫的話，藏醫學是用佛法加上很多西藏的特殊背景，所以他們用了很多礦物的藥，以及高山上很多特別的藥。在寫這篇導讀的時候，我就特別把主題擴大，變成是個佛教醫學的導論，第一節從佛陀的 SPA 談起，這樣大家就有興趣了。佛陀說過《溫泉沐浴經》，教人怎麼洗澡；佛陀很科學的先講洗澡要帶什麼東西，如乾淨的衣服，他都有講到，還要帶什麼去洗浴，才能完全令身心清潔。

如果佛陀在這裡，他也一定會將四周、旁邊弄得很乾淨，而且他不會到處插旗，弄得花花綠綠的，就是會有一種寂靜的美感，這樣的美感是很不可思議的。希望將來不只「金剛菩提場」在菩提伽耶，將來的聖荷西也是「金剛菩提場」，台灣的每一個地方也都成為「金剛菩提場」，讓每一個地方都是法的都市。

「地球禪者聚」，這次的禪七，是我第一次寫下「地球禪者」這幾個字，英文是 Earth Zen Person，這代表兩重意義：一是代表禪法是未來生命提升的中心，二是代表地球時代的來臨，這不是全球化，而是地球時代的來臨。在我心中，佛法是以地球（娑婆世界）為核心，釋迦牟尼佛教法為核心，這樣重新詮釋廿一世紀，乃至千禧年。

「法界圓相會，無上菩提證」，未來的五年後，「地球禪者」可能會改為「法界禪者」。未來將進入太空時代，在未來人類外星移民的長途旅行中教授禪法，希望太空船上都配備著禪定師，你們或是你們的子孫，在太空船上教授放鬆禪法，讓大家聽著放鬆禪法導引，讓身心在最寧靜的狀態，進入冬眠，進入禪定的狀態，醒來時很吉祥地醒來，這樣不但可以讓身心健康、長壽，也創造宇宙和平，因為當他們醒來時身心放鬆愉悅，星際大戰的情況就不會產生（至少機率降低很多）。這次我們在菩提伽耶的禪七，看起來沒有什麼特別，是一件小事，但卻是人類的一大步，這一步太重要了！感謝大家會合這個因緣。

「道樹全佛海，如來無上覺，離心意識參，誰爾不成佛。」這邊的「道樹」，並不是行道樹、路樹，而是佛陀成道之樹、菩提樹。我們這個時代道樹的名稱即是菩提樹。下一個時代的菩提樹要更名了，因為彌勒菩薩的成道樹是龍華樹，和釋迦牟尼佛的成道樹不同。每一個佛的成道樹不一定一樣。我們在此體悟到——眾生皆佛陀，如來無上覺，無所從來，無所從去。看到一切眾生皆佛，我們心中放下一切，遠離過去、現在、未來所有的執著，這也就是華嚴宗從《華嚴經》所體證的根本：若起不起，不起即是性起。所有的妄心不起時，就是寶王如來性起。這是《六十華嚴》所說。

當我們不起任何分別妄心，不作任何生滅分別時，覺性即起。各位，放下一切，自有妙用。這就是：「恰恰用心時，恰恰無心用，無心恰恰用，常用恰恰無。」這便是「離心意識參」，離開你的心意識分別來參究，這時我要問大家一句話：「誰爾不成佛？」

各位，離開你們心意識的分別來看，誰成佛？誰不成佛？既然沒有人不是佛，你們是不是佛？是的，沒有不是佛的，每一個眾生也是佛，平等無差別。

我們看到南無本師釋迦牟尼佛。見佛是佛，一切頓斷，一切現成；平等無差別，一切頓斷，一切現成。

喝！起七。

這是為大家所說的大覺禪七起七偈。現在開始大家身心寂靜安穩，開始參禪。在這裡打禪，或許有些外在生活條件上不是那麼具足或不太習慣，但是卻具足最大的條件：如來在此（成道）。既然如此，我們微笑地看著每個人都是佛，連那坨大便也是佛。如果能看到這樣也是不簡單，只是不要無分別到大便和飯不分，這不是無分別，這是無知。無分別是一切都了知，但不起分別瞋恨。

我們今天在此共同參究此大事因緣，普願眾生圓滿成佛，希望大家圓滿成就。

謝謝大家！

貳

心本無心

Before
the Enlightenment

晨間開示

修行只是將身上垢染的衣服拿掉

清晨禪師帶領禪眾步行至摩訶菩提寺進行早課、繞佛，再回到世界華僧朝聖會館禪堂坐禪。

心如明鏡而不執明鏡

明鏡，心就像一面明鏡，鏡中所有的影像是那麼清楚明白，它不會因為物相的搖動，而影響心的定。所以什麼是覺？什麼是明？你的覺跟我的覺，覺性無二無別；在佛不增，在你不減，在眾生不減。問題在何處？你的覺被境轉掉了——覺隨境轉，這個覺就消失了。覺沒有轉動，是你產生了幻覺，跟著幻覺走掉了，這就變成過去心，不在當下。

《金剛經》說「當下」，是「過去心不可得，現在心不可得，未來心不可得」，現在你們當下這一念心本來是覺的，但與聽到的聲音相合在一起，就變成前塵影像，《楞嚴經》告訴大家是這個前塵影像佔據了你的心，明鏡的功能依然存在、覺沒有消失，但這個心就像被黑影遮住，像雲遮住月亮，你的心不變、覺不變，但是妄相恆生，你的心隨著妄相走，但心本無心，所以心並沒有離開覺，不要在虛妄的心裡再造一個心說「這是覺的心」，這是不可能的，因為虛妄當中沒有真實的，只有把虛妄拿掉才有真實。

《永嘉玄覺證道歌》中說：「但自懷中解垢衣，誰能向外誇精進。」修行是將自己身上垢染的衣服拿掉，而不是向他人誇說自己很精進。當下這一念，即覺即理，就像鏡中影像，你照了即覺，影像變了，你的心不染不執，全知全明，所以心如明鏡，而不執明鏡，你如果有明鏡可執，你就會拿著明鏡一直的晃，一直強調「我在照東西」，這樣鏡子怎麼照得到東西呢？

所以當你打禪時聽到引磬聲「叮！」這時你的定——剛所修的禪定力量，定的餘勢猶存，知道我們現在要起動，心念動，眼睛睜開，呼吸正常，心恢復到正常狀況，覺不變，這叫「隨緣不變」。這時候身體是怎麼動的呢？你要看看你動的時候，定的力量是不是還在你的手掌上，你的身體上？

開悟需要多少時間

各位從十方來，可能有很多過去修行的經驗，不管是久修或初學，我所講的就是你們要達到的最後的境界——煩惱不是你家的東西，煩惱是什麼？它不是你們的本心，所以開悟要不要時間？對不起，開悟不需要時間，煩惱丟掉，你就開悟了；心離開了妄想，心就覺悟了；你們心清楚，就覺悟了。

但是修行需要很多時間，為什麼？什麼是修行，什麼是開悟？開悟就是放下，就像我拿在手上的這支筆，當我放下了，就是鬆開我所有的手指頭，「哐！」它就掉下來了。

那麼修行人在幹什麼呢？他開始研究我是怎麼樣丟下這支筆的，到底要用哪隻手指頭丟下來呢，是食指嗎，那要用幾分的力量，一次要鬆幾分的力量，要用哪根神經來指導，我應該要聽哪句話才對呢？食指拿開……我食指已經拿開了，可是我的煩惱怎麼還沒有放下，還是要用中指？他永遠都在研究佛法，永遠都說「但是……」。

修行要歷經長遠，開悟沒有時間，那你們是要開悟還是要慢慢修行呢？當然大家都選擇開悟，但是，又發現開悟不了，怎麼辦？只好修行！所以修行是一件很無聊的事情，是根本不需要的累贅。也許你會說「老師那我不要修行了」，那你就是揹著煩惱繼續走吧！修行是十分「愚痴」的事情，那不修行是什麼？是連「愚痴」叫什麼都不知道！

心留在本覺

各位看看，現在起定了，定力是不是還在你的身體上面？定力的感覺，會讓你的身心統一，那統一的感覺還在，當你在動的時候，注意我所講的話，不要因為「動」就跟著「動」去了，「心」還在哪裡？還在本覺，這是第一個。如果你們知道「心」留在本覺，這隻手在動，那隻腳在動，身體的每一個地方分開了，但你的身心統一，那你在做什麼動作，是不是清清楚楚明明白白呢？明白之後不要又抓著一個「我明白」，那「我明白」就不明白了，鏡子不會講「我明白」的。

動的時候清清楚楚，心在哪？心不離覺性，所以行、住、坐、臥，都是如來。如果還做不到，就取其次，把你的定力——剛剛所訓練的定力——化為動作，在動的時候心不亂，行、住、坐、臥，都安住禪中，這個狀況是屬於上乘人的悟境，對於開悟，我們當然不要當中乘人，也不要當下乘人，要有這樣的決定。但是這裡有個陷阱，如果你執著於此，反而對上、中、下乘產生分別心，那恐怕也會落入下乘人了，這個說明只是讓各位明白覺悟的不同境界，與生起各位的決定成佛的決心！

按摩是身體的修法

接下來我們開始打坐後的按摩，先跟各位說明按摩的原則。在做按摩之前，雙手手掌、十指、指背相互搓熱，按摩過程中不斷重複這個動作。首先按摩溫熱眼眶，而後依次搓掌按摩臉部、額頭、臉部、頭頂、後頸、兩肩、兩臂、胸部、腹部、背部、腰部，而後放腿按摩大腿、膝蓋、小腿、腳掌。

動的時候，清清楚楚、明明白白，例如按摩的時候不要按摩表相，什麼意思呢？既然你的手跟整個世界是毫無分別的，你的手怎麼會跟你的骨頭、肌肉有分別呢？所以按到哪裡去呢？按到你的骨髓、按到你的筋絡、按到你最深層的地方、按進去……這樣一按，全身舒服透了，但是不離於定。透過這樣的練習，慢慢訓練自己行、住、坐、臥都在禪中。

頭部、頸部：加入觀想

按摩時可以加一些簡單觀想，你可以觀想右手是太陽，左手是月亮，這是空性的，不執著，這手越空越好。除此之外，當你的手按摩到頭部的時候，你們想像這手指頭像什麼呢？像針一樣，就像十根針，細細密密地按到你的頂部、頭部的內側，每一個地方都仔仔細細地按摩。按摩是很深層的運動，很統一的身心運動，本身也是一種訓練定力的方法。

如此好好地、柔軟地按進細胞、骨頭，臉部、皮膚、耳朵、耳穴、耳垂、後腦杓、風池穴，當你們感覺到有風寒進入時，也可趕快以搓熱的手深層地按摩風池穴，對身體很好，很多風邪得以去除。另一個要多多按摩的是後腦杓的玉枕穴，這是脊椎骨的頂端，多按摩玉枕穴可以幫助頭骨和脊椎骨穿透起來，如此玉枕穴的兩側，包含風池穴，都會像氣墊一樣飽起來，這樣脈才算通達。

肩部、胸部

肩膀處，想像抓到你的骨髓、筋骨裡面，也是很深層的。關節的地方不要抓，用搓的，跟著手臂、肘關節，感覺到你的手，透過你的衣服，進到你的肌肉，到你的骨頭、骨髓裡面，如此整個氣就通順了，氣通順了，你的手指頭就飽滿了。胸部也是如此，左手放在右胸前，右手放在左胸前，感覺放到你的內臟裡面去，同時作順著時針的轉動，你的肌肉、骨頭還有臟腑都得到一種深層的按摩，這樣右旋做完了，再作相反的方向，你的右手放在左胸，左手放在右胸上，作迴旋按摩。腹部以肚臍為中心，順著你腸道消化的方向，以自己為時鐘，順時鐘而行。

背部、腰部

背部是我們壓力最常累積的地方，一個是兩片肩胛骨中間的天宗穴，另一個是脊椎骨兩側，肌肉會特別緊、硬，脊椎骨會產生問題常是周邊的問題引起的，除了肌肉本身之外，還有筋骨肌肉的不平衡，且往往一產生壓力，筋骨肌肉就會拉得更緊。現在我們把它鬆開，天宗穴我們可能沒辦法自己抓到，但是盡量用兩隻手一上一下向後去抓到你的肩胛骨、放鬆，再運用指背把肩胛骨所有周邊的筋肉與肩胛骨全部鬆開。記住，要按到你肌肉的深層，按到你筋骨的最深層，從上往下，很仔細的把這兩條筋肉都按鬆下來，整個背會舒服很多，脊椎骨也會比較通透。再來手掌搓熱，一樣觀想像一手是太陽，一手是月亮，柔軟地按摩腎臟，想像你的手深透到腎臟裡面，深層地按摩。

腿部

接下來按摩腿部，從大腿開始，盡量抓到大腿內部的肌肉，再來按摩膝蓋，以及膝蓋下的外側凹槽——足三里穴，按住後，順著腳踝方向往下按摩，如果力氣不夠，可以握拳，用指背關節按推下去，一直到腳背；腳指頭拉一拉、逐一按摩，另一隻腳一樣如此按摩。另外，有一個地方可以特別加上去，有時候如果腳會麻會痛，常常牽制到你的腳掌，可以做腳底的按摩，或者在打坐後要放腳之前，也可以先做一點腳底的按摩。腳底搓熱，一樣可用指背關節比較有力氣，它會讓你的血液循環很快速到達腳底、腳趾頭，對於全身的健康會有很大的幫助（更多按摩的方法可搭配參考拙著《靜坐》一書）。

全身按摩完畢後，還是要提醒大家，要記得身心動靜一如，心不要散掉了。

經行開示

彷彿身在溫泉中的慢步經行

我們要開始慢步經行，這是一種普通步伐的經行，因為地上鋪的布墊會滑動，沒有辦法作快步經行。快步經行是中國禪堂發展出來一個很特別、很好的一個動作，不過它有條件，地方要大、人數有限制，否則會擠在一塊兒，跑不動。這個空間我們作慢步經行沒問題，人多，也沒有什麼問題。現在是大理石地板，如果能夠有地毯或是木板就更加親切了，因為經行有時候會走很久，地面太冷會使寒氣進入，有些人身體沒有問題，但有些人身體就會受不了。既然因緣如此，我們就走兩種，一種是慢，一種是普通步伐的經行。

慢步經行要怎麼做？首先，想像你的身體在水中。什麼水呢？天氣涼的時候，你們是在最好的溫泉裡面，你們能不能想像什麼的溫泉最舒服？不管是歐洲、廬山或是華清池的，總之是你們生命中的最高峯、最好經驗的溫泉水；夏天的時候可以想像身體在涼泉裡。

為什麼是在水中呢？我們的生命隨時隨地有一種自我分別的習慣，這個「無明」、「我執」是與生俱來，日夜不停地在分別著，分別你我、分別生死、分別自他、分別這個那個。當這種分別心生起的時候，不知不覺傳達到心裡的是——我如何跟對方相對、如何才能由我掌控、超越。

所以從小開始，我們的眼睛就開始往外執取，所以小孩子看東西就要抓，意念是要去抓取；耳朵也不是用來聽內部，而是聽外部的音聲；我們的心不是用來檢討自己，是檢視著他人，凡六根都是這樣的作用。在生活習慣上不斷告訴自己的心念、呼吸、氣脈乃至細胞、骨頭——你們要緊張著，工作的時候緊張著，二十四小時告訴自己「要緊張著」。

其實在生命裡，我們還有一段很美妙的經驗是在母親的羊水裡，所以我們很喜歡泡溫泉，在水中可以讓我們的身體放鬆，這也是生命中最美，最深沉的記憶。你想想看，在水中的時候整個身體是不是舒服了、放鬆了？所以要在自己的腦內有這麼一個放鬆的圖像，一個正面的存在。所以說我們要像在水中，這是其一。其二，身體要像楊柳，尤其對中國人來講，楊柳的這個概念很好，可以幫助我們放鬆。

好！現在讓我們的身心就在這樣的狀況裡面，開始慢步經行。

行走的練習

開始行走之前，我們先做一個動作：腳趾頭張開、拉起、放下，腳後跟抬起、放下，腳掌放下。腳像氣墊一樣，佛陀的腳是平滿相，不是扁平足，用現在概念來說是氣墊腳，佛陀像是踏在氣墊上面，因為腳很放鬆所以氣足了，所以他隨時能夠在最好的狀況裡。該怎麼做呢？腳指頭要放鬆，尤其骨頭能夠貼地、腳後跟也能貼地、腳掌能夠貼地，放下來，所以要步步腳踏實地、步步腳踏實地，要跟整個大地黏結在一起，還能夠步步生蓮。

膝蓋要放鬆，胯骨也放鬆，我們站的時候是坐在兩隻腳中間，行走的時候是上半身坐在腳上，就像坐著轎子一樣地走，身體要從腳底、腳掌、膝蓋、胯骨坐下來，尾閭骨就像一根金剛杵插入大地一樣，整個脊椎骨就這樣拉直、拉平了。整個肩胛骨也放下來，胸部自然平了。

那麼大椎骨放下，頸椎放下，下巴自然會收進來，如果做得正確，此時頭上一定有熱氣在往上衝，從腳到頭的氣脈全部通達，身心放鬆，我們用這樣的身體狀況來經行。

慢步經行的時候，右手輕握拳、左手扶著，這個是為什麼呢？讓你的手不散開，心比較不容易分散，所以扶著只是一個方便而已。也不要頂住小腹，讓手好像在水中般，被托著但幾乎沒有感覺。

腳移動的時候，左腳移動重心全部放在左腳。當我們的腳踏出去的時候，你的心念要放在哪裡呢？心念放在前腳掌掌心，一開始的時候，這是幫助你攝心，所以一步一步來。你的肌肉是平的，所以你的重心，不要傾斜地往前走，也不要後仰地往前走，這是上半身不放鬆，胯骨不放鬆的狀況。只要放下來之後，你整個身體自然改變，膝蓋自然平移向前，重心再放在另外一隻腳的掌心，你的腳輕輕提起來、踏出去，所有的動作是平穩到讓你完全在移動的時候，似乎像在水中飄動，而你是一片落葉，是在水中的落葉，水中的蓮花，水中的浮萍，就讓水推著你、讓風推著你去自然的行動，你的身體完全沒有障礙，身體完全放鬆，血脈循環完全通達，似有若無，完全沒有任何障礙。

怎麼呼吸呢？將呼吸從頭頂放到你的眉心、放到你的喉輪、心輪、臍輪、海底輪，甚至你可以放到大地，讓大地幫你呼吸，讓地藏王菩薩幫你呼吸，再放到法界的中心，讓整個法界替你呼吸，整個呼吸完全放下，身心都完全放下。

心，要完全放下，當你完全放下的時候，才能夠完全覺知。你想覺知一個事情的時候，就要完全放下，想要覺知的這個狀態會分掉你的本心，所以心要像明鏡一樣完全放下，放下才能完全清楚。但你若要一個完全清楚的狀態，你就不清楚了，所以連放下也要放下，清楚的也要放下，放下，放下一切，連放下的也要放下，你將會更加清楚，心無分別的覺知。

在部派佛教的四念處觀中，有一個很重要的觀照方法是起心來觀照，但現在教大家的這個觀照方法，是一個如來的覺觀方式，也就是說，不起心而自然地覺照，不分別而自然地覺照。當然一開始的時候沒辦法做到，可能要稍微提起心來覺照，但到最後，你的心自然如明鏡一樣，體性在作用，完全不必起分別心，所以手部、腳部的任何動作或衣服的擺動，你完全清清楚楚、明明白白，自在覺知，所以這叫觀自在。

再者，四念處的觀法是觀自心等動作，與菩薩念處、如來念處不同。怎麼不同呢？這個大地與你是一還是二？還是它跟你無關？你踏入大地的時候，你跟它的關係就是你跟宇宙的統一狀況，愈統一的話，就檢測到你跟宇宙的抗衡愈少。但是因為統一，你愈執著，你就變成自以為創造宇宙的大梵天了。

故說統一而放下，這叫「同體大悲」。你跟整個大地、空氣、時間、空間，跟整個法界都全部圓成一體，無所分別地動，所以如幻、如夢、如影、如光，光明在光明中走，智慧在智慧中走，風在風中走，一切統一、一切清楚、一切明白、一切放下，這是所有的方法總則。

現在我們圍大圈來繞佛，這麼做是為什麼呢？在佛堂繞佛都是右繞三匝，在印度你尊敬一個人，就繞他三匝，這是一個常法。很多人說左繞可不可以？例如「為什麼要靠右邊走？我想要靠左邊」，那也可以，但是會撞車。所以在禪堂裡面，這只是一個行法，總是要有一個方向性，我們就右繞佛而行。

慢步經行導引

輕輕地握拳後，整個身心完全放鬆，整個腳掌放開，整個腳底放下去，
膝蓋、胯骨，整個尾閭骨像金剛杵一樣放下去，
腰椎、胸椎、肩胛骨、胸骨、肋骨、脊椎骨、大椎骨、頭整個放下，
像在水中、大智的海中，身心完全放鬆……像氣球，像楊柳，
呼吸放下，放到大地裡去，心念放下，讓它沒有一點塵埃，自然地覺照，自在地覺照，
所有動作清楚明白，包括整個山河大地都完全清楚、完全明白地覺照，
身心完全放鬆、放下、放空，跟山河大地完全沒有分別。

來！這時候清風輕輕地吹起，水輕輕地流動著，
你們慢慢地一步一步向前走，一步一步清楚明白地走，走的時候，每一步都完全放下。
隨順著自己的速度，慢步走，一步一步清清楚楚、明明白白地走，沒有執著地走，
你的身體完全柔軟、完全自在、完全柔和，腳仍然踏實，

所有動作都完全放鬆、放下、放空，沒有分別，
身體沒有一點點的緊張—當你的肩膀緊張了就把肩膀放下，
當你的筋絡緊張了便把這筋絡放下、放空；
尾閭骨放下去，身體坐著，上半身就這樣坐在兩隻腳上面，像坐在輪子上面，自然地移動。
身體有哪個地方緊張，一樣把它放鬆、放下、放空；
呼吸緊張了，就把它放到大地裡，每一步都踏穩了再走下一步，
腳掌盡量張開，向前、向後、向四方張開，而且要放鬆地踏下去。

身心就像氣球這樣動著，就像氣泡在水中地飄動，
不只是身體完全放鬆，連六根也完全放鬆，
眼睛也放鬆下去，眼睛不要被外境抓走，跟著外境走動，要放下來，
眼根放鬆往內看，不要被外境抓走。
耳朵放下，內耳、中耳都放鬆、放下，不要被外境、不要被外音綁架。
鼻子放鬆，呼吸道整個鬆開了，空氣變成光明，跟你無二無別，
你吸入的是宇宙的光明、是法界的光明，它滋養你的身心，讓你身心轉換成光明。
身體不要讓細胞繃緊一直向外抓取，放下。
讓整個宇宙萬物、時間、空間，輕輕地碰到你，跟你的身體完全統一，

所以你的觸覺往內，意念不要向外去抓取、去分別，明見自心，自心也不可得，
所以六根不要被六境抓走，把六根收回來，
眼自觀內，耳聞自心音聲，鼻、舌、身、意都完全自在、圓滿，你的心整個一片光明。

極慢經行中，一定要把行走的動作放慢、放慢，當你放慢動作的時候，
每一個念頭能看得更清楚、更明白，所有煩惱夾雜在心念中，就像自動浮現出來的黑暗，
你的身心現在開始清楚、明白的觀照，呼吸放下、自在，
整個山河大地包括你的時間、空間，也稍微慢下來，
心仍一樣的清楚明白，完全沒有分別，放下一切能放下的，落在清楚明白當中。
心放下，完全清楚，不落入分別，身心自然緩慢而清晰，
這個慢是放鬆，放鬆而慢，慢而放鬆；專注而慢，慢而專注；
專注清楚地放鬆，放鬆清楚地專注。
你的身心慢下來，心念更清楚、更明白、更放下，腳也踏得更鬆、更柔軟，
跟山河大地愈統一、愈放下、愈沒有執著。

經行時整個身心慢下來，即使在走動，也要保持同樣的清楚明白，
身體不停頓，保持同樣速度的緩慢。

不要被境界抓走了，不要被外境抓走了，也不要掉到無明洞，
心一定要清楚明白，不要昏沉掉舉，也不要落入分別的狀況。
再來，把身體放慢二分之一、心念放慢二分之一，念頭的生起、念頭的消滅，
身體的動作、你的呼吸……，
完全清楚明白地覺照著，身心完全放鬆、放下、放空，整個宇宙的地水火風空
山河大地跟你的身體更加沒有分別了，也更加放下、更加地放空了，
「一切有為法，如夢幻泡影，如露亦如電，應作如是觀。」
一切境界都如大海上的影像，就像鏡中所觀照的影像，是那麼不實、虛幻；
當一切變得不實、虛幻的時候，你會看得更清楚、更明白，
你會了悟到一切事情是那麼虛幻不實。

來！現在仔細看著身體，它的動作就像幻影一樣，這個幻影在動作，讓它再慢二分之一，
就像看著水族箱中的那個水泡、氣泡，把它放慢二分之一，
你看著你的動作慢慢地放下來、慢下來，清楚明白地動著，完全沒有障礙；
柔軟、放鬆、有力地行走著，輕飄飄像羽毛一樣，
這裡面的力量卻是無窮的活潑，無窮的充足，就像水銀瀉在地上一樣，
粒粒成圓，每一個動作都是自在圓滿的。

慢了二分之一，心念觀照得更清楚，所有的妄念、煩惱自然剝落了；
沒有任何妄念煩惱屬於你，放下吧！
那不是你的心，你的心只有清楚明白，連清楚明白也沒有任何的執著。
一切放下，放下一切，放下得清楚明白，連清楚明白也不執著，無分無別，自在觀照，
就如同觀自在菩薩，他正在使用著圓滿到達彼岸的智慧，他於現前觀看到了，觀照到了。
我們的身體、感受、思想、生命意志、心識，都是空的，
連同宇宙一切萬物萬象都是空的，這時自然超越一切苦厄。

現在，用你們所能夠達到的力量，來走最慢的步伐，慢，要慢，
用你們身心能夠負荷的這個力量來慢步地走，
身體要完全放鬆，又輕、又慢、又自在，專注而放鬆、有力。
慢慢走，但不要停頓了，很自在地往前走，心念觀照得很清楚，放下，連呼吸也放下。

現在，一步比一步更慢，慢得完全放鬆、完全自在、完全沒有分別，
腰坐下去，跟大地在一起，緩慢自在的動，那麼輕、那麼柔、那麼有力，
一步一步，到這一步要更慢，心要放下，呼吸要放下，

山河大地都要完全放下，完全輕鬆自在時，你覺醒了！

走啊走，不要掉入昏沉的念頭，不要妄想分別，也不要被境界抓走，慢而鬆、自在清楚。

現在走七步，一步要比一步更慢，

到第七步，整個身心完全停下來，就像一片樹葉、一片楓葉、一片菩提葉，

慢慢地從空中飄落到地面一樣；

一步一步慢慢走到第七步，就像生命在這裡得到圓滿的安住、放下，

然後身體完全停止，之後慢慢坐下來，

你的心念就像雪花飄落大地，飄到爐火上面，止息了，沒有分別，沒有妄念，

身心得到止息，生命得到最終的圓滿。

凡生命有生必有滅，如何滅得自在？如何生得自在？

超越生滅，止息至身心止息，飄落，落葉歸根，心念整個化空……

身心放下，得一切自在……

（眾人靜立三十秒）

身體像水母一樣，慢慢飄落，自自在在的，坐在蒲團上，

身體停止，慢慢飄落，心念止息……

（眾人靜坐五分鐘後，師敲磬一聲）

心從光明的體性當中覺起，「不見一法即如來，方得名為觀自在」，現在從光明的體性中心現起，看看心現起的時候，以大悲的心念、大悲的心風，如何推動你的心念起來？

如何推動你的呼吸、你的細胞、你的骨頭、你的肌肉、筋骨，慢慢地動起來？你的手如何慢慢地動起來？

身體慢慢地站起來，看著整個身心，心風推動了念頭、推動了呼吸、推動了身體細胞。來！慢慢起來，有力、放鬆、專注、自在地起身，

同時心清清楚楚、明明白白地覺醒，不要落入分別意念，

從這時開始，步步是如來、步步光明，開始慢步向前走，

每一步都是清楚明白的、都是自在的，不要落入無明黑洞，也不要落在境界裡面，

心活起來，自在！心有力，慢，自在！

如來的步伐，無所從來、無所從去，如中行來、如中行去，

「觀自在菩薩行深般若波羅蜜多時，照見五蘊皆空，度一切苦厄」，

這一步就是觀自在行，這一步是圓滿的智慧之足，

在如中行來、如中行去，歡喜地走著。

來！加大步伐，以正常的步履行走，不要跑太快，走著你們的平常步伐，就是這樣自在，就是這樣如意，就是這樣圓滿，歡喜和平地走著，以正常速度略快地走著，輕快地走！每一步都是自在的、圓滿的、輕快的……

停！（眾人靜立一分鐘）

好，現在自在地走三圈。

下午開示

輕攝被六根線牽動的眼耳鼻舌身意

這兩天打禪，感覺像打了好久，不知各位這兩天的身心變化有沒有很大呢？

在這裡打禪真是令人悲喜交集！喜的是我們居然在這裡打禪了，悲的是我們竟然現在才來。這個空氣中也不知道什麼味道飄來飄去，真的是一個不可思議的地方，但能在此地打禪，我想是所有修行人心中很深的願望。

在這裡打禪，這個禪堂算得上是五星級的了，不是很好，而是最好的禪堂。

今天跟昨天是讓大家攝心，把身心完全收攝起來，因為我們在這裡打禪，你的時間和很多因緣是收束比較緊的，在這裡要不斷地找尋各種覺悟的機會，所以希望大家很快速地收攝身心，因為來這裡我們沒有任何時間可以浪費，而且一定要克服身心的各種障礙，迅速進入身心安定的狀況。

來到印度打禪是為了要覺悟，不是只留下美好回憶，為此大家付出了種種因緣，所以很珍貴，但是我的時間只交付給要開悟成佛的人，你們看我好像什麼都好，其實另外一個狀況是我什麼都不需要，我只要大家成佛！

從明天開始，我們每天早上會到菩提樹下打坐。一般在打禪七要到最後兩、三天，我才會帶出去，但是你們只坐兩天，帶你們出去到底能不能見人呢（眾人笑）？見人沒問題，能不能見佛我就不知道了，應該說這佛一定會見到你們，但是你們能不能見佛，我就不知道了！若見佛是佛，你們眼睛看到的佛是在外相的話，恐怕你們也沒有見到佛，「若以色見我，以音聲求我，是人行邪道，不能見如來。」如果看到佛是在心裡面，這還有點樣子，但是還是個樣子而已，直到你們見到佛，眼中無佛、心中無佛，但是你明明見到佛，這裡面稍微可以談一下道理。

都攝六根

當你們走在路上，會碰到很多人勾引你們，這朵花、那個人、這個境界，它就顯現了，這個色塵它就把你的眼睛「抓出去」了。

人總會有一種錯誤幻覺，以為我們抓東西是在控制東西，實際上到底是你抓東西，還是被東西抓走了？我現在手拿這個香板，這叫香板手呢？還是手？可以肯定這一定不是手，只是香板手。我手握著，這叫拳還是手？它整個是拳，不是手，手不自如。所以眼根為外境所攝，耳根為外音所取，眼、耳、鼻、舌、身、意六根每天被六境抓取，這六根線把我們的心綁住，外境一動，心念就跟著動了，外境一抖，你的心就跟著抖動，所以心看不到實相。

任何修行方法，不管是四念處、內觀禪法、數息、五門禪，任何一種禪觀都要我們迴光返照，都攝六根。什麼是都攝六根呢？六根不對外境，只往內、往回看。往內、往回看只是初步功夫，往內回看之後還要放下，不要去看東西，要讓東西來看你。你看佛像的眼睛，每一個人站在佛像的前方，都感覺佛在看自己。為什麼？因為佛陀的眼睛不對著一個焦距，只是眼睛放下來，就像攝影機掛在那邊，什麼東西都看得很清楚。

記得一九八三年我要到深山閉關之前，正在找關房的時候，曾應邀到一座曹洞宗寺院「善德禪院」，除了教禪也講經，《大智度論》還是用台語講授的。當時在寺前有一方小池塘，數十尾錦鯉悠游其中，我很喜歡看到錦鯉躍出水面的模樣，經常坐在水邊觀看，魚一躍出水面，我馬上眼睛盯著，但常常只見魚兒已經跳回水中，搖著尾巴跟我再見……

我從看魚才體悟到什麼是「默照禪」！我將眼根放下，因為看東西的能力是本具的，不再去盯著東西看，放下眼根，一條魚、二條魚、三條魚、五條、十條……，即使牠們同時躍出水面，我也能看得一清二楚。這是眼根內攝、耳根內攝的緣故，都攝六根的時候，不論什麼樣的境界現前，我們都能清清楚楚、明明白白的。

這時，若沒有放下又會怎麼樣呢？當有外境現前，因為眼不去抓取而收回，停在眼根，這時候內境進來，就像所有的外境般，十分清楚明顯，像鏡子照見的一樣，但因為內根沒放鬆，就會緊聚著，所以六根內攝之後還要再把六根放下，六根內攝、六根都攝，放下之後，六根統一。

在六根統一之前會產生怎麼樣的狀況？就像大慧宗杲禪師，他在修禪的時候，整個「我」開始初步放下；要進入悟境之前，他六根放下，結果六根各自作用，他的老師圜悟克勤禪師說他參得黃楊木禪。這是什麼意思呢？因為一般人吃飯的時候，拿起碗就吃，嘴巴在動，味道又是另一種關係，所以說六根分別在作用。當初來果禪師在齋堂吃飯，過堂時拿起碗來卻停頓在那邊，六根各自作用而停止了，是參禪的境界，這時糾察師父過來巡視，就賞了他一巴掌。因此，來果禪師後來當了高旻寺住持，便規定不准在用餐的時候打人耳光。

就如同我當初在聖嚴師父座下打禪七的時候，六根放下，這樣走著的時候，因為我在動，六根雖分別起作用，但心像明鏡一樣，清清楚楚、明明白白。當我坐在蒲團上，禪師問說：「不怕死的舉手！」在我記憶裡面，有一位美國女孩子就舉手了，這時禪師拿起香板作勢要打，她立刻舉起手擋住頭。這是為什麼？在她的意識裡認為自己不怕死，但是潛意識又是另一回事了。

初談轉識成智

所以，什麼是「轉識成智」呢？我請問大家，佛陀有沒有潛意識？佛陀任何事情都是清清楚楚、了了分明的，沒有潛意識、沒有不自覺動作、沒有不自覺的語言，所以佛陀一定不會不自覺抖腳，大家會意了嗎？因為他身心安住，清清楚楚的。現代很多人在講開發潛意識能力，佛法不是開發潛意識能力，修禪定也不是開發潛意識能力，是要讓你的潛意識轉成清淨的智慧，能力是附屬的，智慧才是真的，能力或神通就像煉鋼爐裡面的爐渣，智慧、慈悲就是冶煉出來的鋼或是黃金。

回到我當初打禪七的時候，那時禪師看到我，走了過來，我的六根都停下來，看起來就像失神一樣，但不一樣的地方是，一般人失神的時候不能清楚外境，但是我在那時候對於外境是清清楚楚、明明白白的，只是六根雖然清楚明白，誰在做什麼我也都知道，但是都沒有反應，沒有產生作用。這時候，禪師過來了，他看著我，問：「你是誰？」我那時候聽得清楚明白，但是嘴巴不起作用，沒有回應，這時他拿起香板狠狠地打下去，你們覺得我會不會痛，有沒有感覺呢？當然有感覺，但沒有痛覺，只是很大力，一旁的人都嚇到。禪師接著再問，我還是一樣很清楚聽到，嘴巴不起作用，沒有回應。他再問第三次，再打，我還是沒有回應，但當時我在這個清清楚楚的境界裡，是什麼情形呢？冷水泡石頭，作用不了的，因為六根沒有統一回來，沒有所謂的六根互用。

這時禪師丟下一句話，說：「還是一個黑漆桶。」黑漆桶代表無明，意指你雖然有境界，但畢竟在無明狀況。這句話就像是一根針刺破了氣球，我整個身心爆炸了，就像一顆即將孵出的蛋，母雞在外面啄，小雞在裡面啄，霎時「啄啐同時」，這個蛋殼就打開了，我嚎啕大哭，整個身心世界崩潰了，宇宙破裂了，虛空粉碎了。很多人以為我是被打哭的，其實根本沒有痛。

禪師恭喜我，叫我去外面看看世界變了沒有？世界依然是舊的世界，卻那麼新，就像「雨過天青雲破處，這般顏色作將來」那雨過天青、雲破之處的顏色，世界就像被水清洗一番，又像從水晶鏡子在看世界一樣，是那麼古老又那麼清晰。

所以各位要都攝六根、六根放下，放下之後，就如《楞嚴經》講「聞性不滅」、「耳根圓通」，現在聽到這個聲音（老師敲磬），你聽到磬聲，磬聲沒有的時候你說「你聽不到」，各位，這在世間上是對的，但在見地中有一些糾葛之處，那是你「聽到沒有聲音」——「聞性不滅」。

經行開示

如光在光中行走

各位現在身心放下，兩手輕輕交拳握。
頭骨放鬆放下，臉骨、頸骨放鬆放下，
兩肩、兩臂、兩手、手掌、十指、胸骨、肋骨、肩胛骨放鬆放下，
脊椎骨一節一節放鬆放下，尾閭骨放鬆放下，就像一根金剛杵一樣掉下去。
胯骨、大腿、膝蓋、小腿、腳掌、十指放鬆放下，
你的五臟六腑放鬆放下，心臟、肝臟、脾臟、肺臟、腦髓、
眼、耳、鼻、舌、身、意、肌肉、皮膚……
不止這些放鬆放下，整個山河大地——地、水、火、風、空，
你的地、水、火、風、空，一切都放鬆放下，身心寂然統一。
身體就像在水中，就像楊柳，就像充滿氣的氣球一樣。

經行導引

現在整個世界變成了光明，是大智海的光明，是毘盧遮那佛的大日光明。
你身心的每一個細胞、每一點都像太陽一樣明亮，
像彩虹一樣沒有實體，是完全透明像水晶一樣。

自己的每一處跟整個宇宙世界各地，全部都是千百億日的光明齊聚。
但是光明要空、要沒有執著，明空不二的身心，
這個世界就變成常寂光淨土，你們是光明的法身。
光在光中行動、行走。
現在光的風吹動了、光的水流動了，推動你們的身心漫步向前。
你們是走在光中，放下而沒有執著，一步一步向前，每一步都自在、腳踏實地，
每一步是放鬆地踏進大地當中，跟整個宇宙完全統一，沒有分別。
於無分別當中沒有任何執著，統一只是初步現象。

空、放下，遠離有跟沒有，這才是要走的如來之路。
不是有也不是沒有——不是有，因為一切虛幻；
不是沒有，因為一切愈虛幻愈清楚明白，
明白萬法本體是空，其千變萬化的作用不可思議。

一步一步向前走，心放下、放空，完全沒有任何執著，因為自己跟山河大地是統一的，
對於統一也放下，只是光在光中行走。
有影像卻無相，一切不生不滅，這一步不生，所以下一步當然不滅。

遠離分別對待，所以沒有無明，當然也沒有無明的窮盡，
這一步是觀自在菩薩的一步，你用這一步去實踐、去圓滿，
那是已經到達究竟彼岸的深奧智慧，無上的般若智慧，在這一步踏下就圓滿。
你超越了一切的苦厄，超越了一切的分別，你照見了你的身心是空、宇宙是空，
所以稱各位觀世音菩薩、各位觀自在菩薩、各位舍利弗……

一切的色相、宇宙萬相跟空沒有差別，而空跟宇宙的現象更是毫無二致，
於絲毫不差當中，你體證了色即是空，你遠離了煩惱，你解脫了！
因為你的大悲心，你不願意只有自我解脫，而重新來到了世間，
了悟一切世間的種種現象，都是由空所顯現，空即是色，
你的感受、你的思想、你的自我意志、生命的自我意志、心意識都是空的，
乃至宇宙的種種萬相都是空的。
各位！你要去體悟「空」之中不會有真實的色、聲、香、味、觸、法；
不會有真實的眼、耳、鼻、舌、身、意，這就是眾緣和合而生而已。
當一個生命聽到這一點的時候，他沒有了「我」，又怎麼會有「我的」執著？
沒有「我」的消滅，沒有「我」，當然沒有「無我」，「無我」是針對「我」來的，

「我」既然消失了，「無我」哪裡可得了！
沒有「無明」當然沒有「無明窮盡」這件事。
各位！每一步都超越有與無，自自在在走向前去吧！
觀自在的一步、如來的一步、圓滿的一步！
沒有執著，放下一切。

夜間開示

修習禪法的法門提要

三藏與三學

今天晚上會跟各位介紹禪宗的法門，並且談談《佛本行集經》〈成無上道品〉第三十三。進入經典之前，我先簡單跟大家講解，你們看到的經、品有什麼不同。

原始佛教依經典敘述形式與內容，有九部、十二部的分類。這部《佛本行集經》屬於「本緣部」類別，也就是佛陀或是佛弟子等，依過去的因緣受生為各種不同的趣類、身形、角色、身分時，而行菩薩道的本生譚故事。我們常常聽到「三藏十二部經」，十二部經就是十二種分類，有時候又作十二分教；另又有所謂九部經，又作九分教、九部法，即為九種分類。十二部經不是指十二本經，而是分為十二種類的經典，佛陀宣說了十二類，或是把它們分成九類，就是十二分教或九分教。

「三藏」則是經藏、律藏、論藏。「經藏」，就像念珠的繩把佛陀所說的教法串連起來，是佛陀在每一個地方的演說開示的集法，稱為經藏。「律藏」，什麼是律？律就是佛陀跟佛弟子的生活總集，這樣講可能跟你們一般對律的瞭解——規條、規約有所不同；佛陀不會無因無緣去制定規條。佛陀一開始弘化時並沒有制定戒律，為什麼？因為不需要，沒有人犯戒！那時候雖然沒有明言的規範，但追隨佛陀的人不論是生活上、修行上，都是和合無諍。經過了十多年，僧團規模擴大了，來自四面八方的佛弟子因為有各自不同的因緣與發心，有些人的言行會影響到他人，因此在僧團的共同生活中需要有個統一規定，才開始制定一些共同生活的準則，所以說戒律又稱為學處，包涵了一切出家僧人應該注意的事項，於飲食、行為上都有所規定。

其實戒是什麼呢？戒、定、慧三學裡的「戒學」，事實上是一種生活，一種如理、合法的生活形態。它包括了幾個部分：第一個部分就是你如何跟自己相處；二者你如何在一個團體裡，讓這團體和合沒有紛爭；三是這個團體如何跟其他團體在社會上產生正面向的力量，而不是產生負面向的力量。簡要地說即是「和合」——自己如何跟自己和合、自己如何跟這個團體和合、這個團體如何跟整個社會來和合。

「定學」，是我們心安的狀況，不要把它當規條，而是在一個寂定的環境裡，像是在一座房子裡，我們身在其中就會很安穩。「慧學」，則是一種解脫狀況。所以戒、定、慧三學是如何讓我們的生活能在和諧、安心的狀態，讓我們能夠智慧解脫。請問解脫之後要不要生活？當然要！所以三學是一體的，這讓大家有個了解。

佛經是二千多年前經典結集時，佛弟子們將佛陀教授、口口相傳的教法整理編集，之後又將隨類蒐集到的佛陀各地演說集結，像《華嚴經》有時候被稱為十進位數的經典，就是這一類集合的經典，可以說是「叢書」；《佛本行集經》是敘述佛陀誕生、出家、成道等事跡，及佛弟子歸化因緣的本行傳集，也可以說是佛陀演說的叢書。另外有些經典如《金剛經》，是佛陀在祇園精舍所講。說到這裡，很歡喜我們已經走在佛法的歷史當中，也就是你們在讀經時看到的歷史位置，現在我們實際走到了。

經中又有「品」，什麼是「品」呢？「品」在這裡是指「裡面」，基本上可能是一個地方，或是一個特別緣起的演說，例如佛陀巡迴很多地方，演說某個題目之後集合出來的經典。

「論藏」的「論」是研究者研究經藏的成果。為什麼要研究經藏呢？因為佛陀在每一個地方講經是隨緣而說，他若在現代，到了美國聖荷西市，對高科技的人可能會講網路為什麼虛幻的法，因為虛幻緣故，所以快速發展，快速發展也快速會寂滅，為什麼？因為它是極端快速的、炫動的，因為它是有條件的，所以變化很大。目前世界上最無常的就是網路的店，從來沒有一個行業或是一個科技，是這樣以極速、快速在累積財富，但快速也代表很容易被淘汰。

各位是否有聽過《佛說放牛經》、《佛說溫室洗浴眾僧經》呢？佛陀也教人如何放牛、教弟子們如何洗浴身體，佛陀雖然是神聖的解脫聖者，基本上他已經遠離了所有的分別，佛陀所住的三昧，有時候稱為師子遊戲三昧，所以佛陀被稱為「永遠的微笑者」，用另外一個說法，他永遠自在。《佛說放牛經》是佛陀在二千五百多年前所說的佛法開示，在那個時代，農業也算是當時的高科技，那時候有一群專門研究農業的人，對於佛陀被稱為「一切智者」很不服氣，他們認為一般瞭解牧牛的方法，大約有六、七種，就以牧牛之事請問，佛陀跟他講了完整的十一事，十一種牧牛的方法，超出當時科技的想像，不僅在當時沒人能說得這麼完整，且佛陀不只說牧牛，還教導他如何牧心牛。

佛陀在每一個地方講法，端看因緣，有時在這裡講高科技，有時在那裡講藝術，他傳播的法有長有短，想要分析、整理這些法，於是就有了論典——「論藏」的產生來解說它們。所以佛陀的作法很活潑、很豐富、很有彈性，在這裡可以看出他的風格。現在各位知道什麼是「經」、什麼是「品」了。

修習禪法的法門提要

我們先看一段《佛本行集經》〈成無上道品第三十三〉——

爾時，菩薩既已降伏一切魔怨，拔諸毒刺，建立勝幢，坐金剛座已，滅一切諸世間內諍鬪之心。滅諍鬪已，內外調伏，心清淨行，為令一切世間眾生作利益故，為令一切世間眾生得安樂故，為令一切諸惡眾生發慈心故，為斷一切諸惡眾生結垢行故，自己滅除睡眠纏蓋，心得清淨，光明現前，正念圓滿，亦教眾生，令斷一切睡眠覆障。自已斷除一切調戲，得清淨心，無有濁亂，亦教眾生，令滅一切調戲之心，使得清淨。自斷一切疑悔之心，離暗弊行，於諸善惡一切法中，無有疑滯，得清淨心。

爾時，菩薩得斷如是五種心已，煩惱漸薄。所以者何？此等五法，能為智慧作覆障故，能

為智慧作不佐助，遮於涅槃微妙善路。如是一切悉皆棄捨，離諸欲心及不善法，分別內外，思惟觀察，一心寂定，欲證憙樂入於初禪法中而行。

「爾時」，這時候，「菩薩既已降伏一切魔怨，拔諸毒刺，建立勝幢，坐金剛座已，」注意一下，這裡有寫哪一位菩薩嗎？沒有！這是指釋迦牟尼佛，在早期，「菩薩」是專稱還沒有成佛的釋迦牟尼佛。這個魔怨是指釋尊看到魔王向他射箭，於是他將箭變成花雨，而魔王的女兒又跳舞給佛陀看想要引誘他，這種種的狀況，究竟是外在的考驗還是內在的考驗呢？魔王波旬是我們這個世界在欲界第六天（他化自在天）的天王，因為釋尊要超出欲界，要成道的時候，魔王無法操控，心裡很不舒服，便經常擾亂釋尊的修行。

而成道的境界中，所謂降伏外在魔怨，這個外在是不是同時跟內在相合呢？所以魔是什麼意思？魔就是障礙，這些障礙倒底是你的自心還是外在？那麼佛陀成道的時候，他看魔王波旬，又到底是佛還是魔呢？

所以「降諸魔怨」，不要以為只是天魔而已，大家打坐時會不會打瞌睡？這叫「睡魔」，腳會不會痛？這些五陰魔境時時都在，不要以為魔是像鬼一樣抓人，不是的！所有的障礙都是魔，故要降伏一切魔怨，希望各位能夠更深刻的體會。

我再講一部經典《楞嚴經》，阿難至外地托鉢行乞，結果被摩登伽女用咒術迷惑將毀戒體，佛陀知道後，結跏趺坐，佛頂放光，現起化佛，宣說楞嚴神咒，其中大白傘蓋就是佛頂的光明，

這是楞嚴咒心。什麼是首楞嚴？什麼是大白傘蓋？就是佛頂的光明之意，只是在密教轉佛頂為佛頂尊，所以佛頂尊勝佛母的「佛頂」代表智慧，或是佛眼佛母。

文殊菩薩遵佛言，持楞嚴神咒將邪咒破壞後，救出阿難，並把他們全部帶回佛前。這是一般對《楞嚴經》的講法，但是阿難是誰？阿難不是我們心猿意馬的象徵嗎？心沒有跟著如來覺性走，六根又碰到色、聲、香、味、觸、法六境，用美妙的顏色、音聲、味道誘惑著我們，使心中的欲望化現成摩登伽女，而世間各種音聲不就像邪咒嗎？我們一天到晚都聽到、碰到，招架不住就頭暈了，抱住一顆鑽戒，我常開玩笑是「鑽石恆久遠，永遠入沉淪」，就這樣子跟著輪迴去了。若是能時時不忘你的覺性，在六境面前顯現大悲的心念，這大悲心風就是起了覺念，這個真言即是你的般若，文殊菩薩就是拿著這樣的智慧去破邪咒，結果這原來一切都是你自身，把你全部帶回來，回到你本具的覺性，是諸佛集會的究竟壇城。

所以坐上金剛座之後，「滅一切諸世間內諍鬪之心」，及一直跑來跑去的心念、貪欲等，「滅諍鬪已，內外調伏，心清淨行，為令一切世間眾生作利益故，為令一切世間眾生得安樂故，為令一切諸惡眾生發慈心故，為斷一切諸惡眾生結垢行故。自已滅除睡眠纏蓋」，這裡不是說各位就不要睡覺了，而是要察覺自己的無明不覺，各位在經行的時候有沒有這樣察覺呢？

「心得清淨，光明現前，正念圓滿，亦教眾生，令斷一切睡眠覆障。自已斷除一切調戲，得清淨心，無有濁亂，亦教眾生，令滅一切調戲之心，使得清淨。」這裡是指調心的重要，使得清淨。「自斷一切疑悔之心，離暗弊行，於諸善惡一切法中，無有疑滯，得清淨心。」

「爾時，菩薩得斷如是五種心已，煩惱漸薄。」這五種心名為「五蓋」，分別是一貪、二瞋、三睡眠，這個睡眠是指心不能覺察，是愚癡的一種，以及四掉舉、五疑。這五蓋會蓋住我們的智慧，意即五種煩惱的意思。菩薩得以斷除如是五種心，而使煩惱漸薄。「所以者何？此等五法，能為智慧作覆障故，能為智慧作不佐助，遮於涅槃微妙善路。如是一切悉皆棄捨，離諸欲心及不善法，分別內外，思惟觀察，一心寂定，欲證喜樂入於初禪法中而行。」這一段留待明日跟各位講解。

修習各種禪法的方便

接下來跟各位介紹「四禪八定」，以及怎麼修「四禪八定」，怎麼修習各種禪法的方便？時間有限，我會以重點方式講說，我們目前禪七的修行方法主要有兩個——第一個是各位現在用的「數息觀」，第二個是「經行的方法」。

自古以來有兩種方法的成就者最多，稱為「甘露法門」。什麼是甘露？這甘露怎麼來的呢？一開始是來自印度教神話，在《光明文句》中說：「甘露是諸天不死之藥，食者命長身安，力大體光。」藏傳佛教以甘露丸為聖物之一，是將各種神聖之物與珍貴藥材製成藥粉或藥丸，經過僧眾集體念誦佛號咒語祈福加持成為聖物，所以引申為法藥。佛法講的甘露不是為了求得世間長生的壽命，而是一種超越生死的法門。

那什麼是二甘露門呢？佛陀一開始教兩種方法，一個是「不淨觀」（或稱白骨觀），後來又開始教授呼吸的法門，就是「數息觀」。這兩種方法如同珍貴的甘露法藥，能幫助修行者超越生死。

二甘露門——不淨觀

不淨觀怎麼觀呢？對於初學者我現在不大教不淨觀，除非你的心意堅固才教。當時，佛陀發現有一部分人天生悲觀，不適合學不淨觀，所以那時候佛陀用了另外的方法，就是用數息觀的方法來教。

不淨觀方法是有因緣性的，在印度的因緣跟在別的地方的因緣會不大一樣。例如不淨觀對於印度人是一種很好的修持方法，為什麼？因為印度的氣候炎熱，人的發育早熟，情欲的發展也很快，情跟欲的比重有時會跟身體成熟的年齡有關，越早身體成熟，你情的發展可能性會比較少，欲會比較強，所以不淨觀在印度的用處強度，可能比在中國強，因為中國重禮教，有時候是這樣的緣起。

二甘露門——數息觀

數息觀基本有三個系統，第一種就是「數息」，第二種就是「隨息」，在《阿含》或是南傳，經常使用隨息觀，就是觀呼吸的方式；三是「通明禪」，息道禪觀有這三種方法。

數息觀即是數呼吸一、呼吸二、呼吸三……數到呼吸十，這是基礎的數法；也有複雜的，例如一次數一百個呼吸，一百算一、一百算二……，但這種方法不常使用，若你能夠數得那麼清楚，就不一定要修這個方法，基本上用數息觀就夠用了。

隨息觀

隨息觀中有殊勝的十六種觀法，稱為「十六特勝」：是要知息入出、知息長短、知息遍身……這十六種都連通「止」和「觀」，「止」是「奢摩他」，就是制止心念；「觀」是「毘婆舍那」，也可泛指一切禪法。任何禪法都有止、觀的方式，例如你定於一處時，這只是單純的守法，叫「繫緣守境止」；其實我們在修數息或隨息，都與「止」有關。「六妙門」與「十六特勝」兩種禪定大意相同，但「六妙門」是從廣博度發展，而「十六特勝」則表現了以單一法門作深入的發揮，這是兩種不同之處，關於「六妙門」的解說稍後說明。

通明禪

「通明禪」是能夠迅速獲得三明六通的方法，所以要觀色如、息如、心如，這是較深的禪觀。不同的禪觀引發的境界也會不一樣，例如我們打坐，進到未到地定，將入於初禪的境界，這時數息觀的境界是什麼？你人坐在那邊，忽然覺得奇怪，身體怎麼消失了？頭怎麼消失了？一看，我的身體還在呀！這是在禪坐中你的心眼發覺到的。而修習通明禪時，因為你心隨息走，心息相依，這樣觀察：知息入、知息出，知息長、知息短、知息遍身，所以說等進到未到地定的時候，會內見三十六物，也就看到自己的五臟六腑。所以通明禪更細，如果證到通明禪會看到你層層的細節，甚至連你體內的種種細菌都看到了。所以不同的禪觀，它的證境不同。

六妙門

數息觀的成就有六種相，一般稱為「六妙門」或「六息門」，其名目如下：一數、二隨、三止、四觀、五還（轉）、六淨。我簡單說明六妙門的修法，這裡面每一個方法都有兩種層次，一種是「修」，攝心而行叫做修，你要攝你的心來做叫修；一種是「證」，任運而行叫證。

那什麼叫「攝心」，什麼叫「任運」？例如數息，一開始你可能數到五，就忘記了，有些人數到十五、二十……一開始可能連一數到十都數不全；那麼還有很多人學打坐的時候就抗議說：「老師呀！本來不打坐心還不亂，一打坐心好亂！」為什麼會心亂呢？就好像你家前面有一條臭水溝，每天經過習慣了它的臭味，有一天別人說你的水溝好臭，你一聞一看，真的好臭，別人不講不臭，給人一講真的好臭了，所以我們的心，剛開始觀照的時候，心亂！看到自己的心亂，那是以前沒有覺察，現在知道了，所以現在開始數一到十都數不清楚，慢慢一到十都數清楚了，數清楚了但是心還是亂，一直到慢慢的心比較不亂了，這裡我要講一個故事——

有一個老太太，禪師叫她打坐，結果她坐了三天之後，她好高興跟禪師說：「您的方法真好，打坐真好！」

禪師問：「怎麼說呢？」

老太太說：「因為我一打坐就記起來了，張三欠我三斗米，您說這好吧！」

我們來看一下這個狀況，在這境界裡面又有深淺之分，你一面數息數得很清楚，但念頭起來「張三欠我三斗米」，你下一個念頭「我要去跟他要，但是張三這個人很滑頭」，你一面數息喔，但是也一面當導演「我該怎麼激他、怎麼罵他」，開始自編自導了，這是一個階段。

這時若往下個階段走，就會像在水族箱裡有氣泡，氣泡放大一點的話，它會連在一起，現在把氣泡關小「啵！」「啵！」「啵！」（師以聲音模仿氣泡各自分開），每一個念頭就不相干了，就「張三欠有我斗米」，沒了，「李四欠我三文錢」，沒了，就這樣子分開，不會續想、聯想。

再往下個階段走，心越來越細、越來越定，這時候開始會有法持身，什麼是有法持身呢？

你們打坐腰酸、背痛、腳痛……沒有什麼地方不痛的，但是若你們持續坐、繼續用功、不怕痛，忽然間你會發覺：「嘿！奇怪怎麼搞的？」身體就自然直起來！身體不痛也不累了！這叫「有法持身」，有法持著你的身體，這時候你會感覺到好舒服喔！氣都通了、脈都通了。

但此處也有兩種狀況，分別是「強持身法」、「弱持身法」，這兩種以弱持身法較好，為什麼呢？強持身法來時急促、去時累人，故弱持身法較好。

弱持身法方向有三種，一種從腳而上、一種從腰而上、一種頭而下。從腳而上容易進步，從腰而上容易安住，從頭而下容易退，就這三種，總共有六種現象，佛法都算數目的，三乘以二等於六，所以看到數目不要怕，那就是這個東西而已，這是在數息七階的第四個階段。

第五個階段數息，數一、二……十，都數得很清楚，請問數得很清楚的時候，你有沒有入定？你認為入定是什麼？一心。那數息要幾個心？三個心，一能數的心；二你數什麼？呼吸。三用什麼數？數字，三個。任何禪定到最後一定是一心，而一心在這種狀況裡面，數息會停止。然後再來，再繼續重新再修。初禪到一心寂滅入定，然後再從初禪起來，再修二禪，重新數，但是到四禪以上，就不能修數息，為什麼？四禪以上沒有呼吸，四禪以上內外息停止。

各位認識的禪師廣欽老和尚，當初他在福建的承天禪寺後山閉關，他入定三個月，也沒有呼吸，所有的人都認為他死了，就告訴他的師父說「唉呀！你這樣不對呀，人死了，怎麼不把他埋葬，還讓他在洞裡面」云云，但他師父說廣欽老和尚是入定，但是大家一直講、一直講，到最後師父自己心都慌了，想說可能真的走了，這時他寫了一封信請弘一大師來鑑定，弘一大師一看，這個定好深喔！古往今來很少人達到這種境界，這時怎麼辦呢？彈指三下！這裡要提醒各位，一般要用引磬，因為它是頻率很高，會刺激腦波震盪，若是一般人隨便一彈指，可能無法使其出定。後來弘一大師彈指三下，這當然是用定心來彈的，過一會兒廣欽老師就回過來了，所以廣欽老和尚不止四禪，而是四禪以上的境界，內外息停止，他一生有三次大定。

有一次虛雲老和尚去泰國龍泉寺講經，有一天到山上，他一不注意就入定了，一定就定了九天，轟動泰國京城，但是山上濕氣很重，起定時發現腳受傷了，寒氣入侵，所以打禪的環境要特別小心。

四禪以上內外息止，所以數息觀有沒有四禪以上的，這裡跟各位說數息觀是可以開悟的，到四禪呼吸停止之後，是純粹在這個理路上面走的時候，純粹再來是什麼呢？屬於心的修練問題，所以他有四空定，到最後有滅盡定的修法，是在這個理路上面，屬於心的調練。另一種，例如四禪八定，不淨觀是沒有第三禪的，因為第三禪太快樂，所以不淨觀要跳過去，沒有第三禪。

六妙門的開始是數息，「數」是「攝心在數」，數一、二、三……十，數得很清楚，到最後這攝心就像是以前手排檔的車子，現在開車、起動、一檔、二檔，碰到紅燈就要停下來，就像手排車到印度，在路上你絕對不可能一直開在四檔或五檔，總是開開、停停，開開、停停，這攝心的功夫，要用心、用力，但是到最後「任運而數」，你不必用心，自然就發覺開上高速公路，一檔到底，這個心跟數，是不是相合的呢？開到最後你會入更深的定，這時候發覺

到數息很困難，因為你從一要數到二的時候，你的心很累，就如同在睡覺的時候被人家叫起來，那麼累。

我們的煩惱很多，就像很多的木棍同時要丟過來，一次一百支、一千支的木棍丟過來，你根本沒有辦法，無從躲避，現在這數息這方法就像繩子，就把這煩惱綁在一起，你就可以把他抓住、丟掉，而這些方法、法門都是提供我們修行的方便，佛陀不需要方法，但我們需要方法，所以這些方法用在不同階段的時候，可能會出現你用的方法比你的心還粗這種狀況，這時要把方法丟掉，要修隨息——「隨」，要知息長、知息短、知息冷暖，之後證「心息相依」，你隨息、心息相依之後，心到哪裡，呼吸就到哪裡，例如我現在吸氣吸到手掌，手掌就變大了，用左手吐氣，左手就變小了，但是每個人修證的情形可能不一樣，只是讓各位明白：心息可以相依，到心息任運相依，最後要止，因為此時感覺隨息為粗，這時候要「止」，止是覺知，停住，心止住之後，那麼止也是從「修止」，接下來到「證止」，止之後到起觀，因為沒有止的觀是胡思亂想，所以觀一定要透過止。

「觀」是觀察呼吸的微細出入，這時候會了悟無常。觀到最後，會發覺一個現象，此刻你的觀察力、觀力十分的豐富，所以你可以破外緣，但是這時候有個問題，你有一把金剛寶劍可以破一切東西，就像最好的矛可以把一切打破，但是這支矛最後該怎麼辦？所以金剛寶劍是向外破，但最後修行人一定要回來「還」，還破自心，沒有還觀自心的話，沒有破人又破己的話，就不能空，所以要破自心，到最後證道，叫「淨」，六妙門的修證即是如此，因時間有限，先以重點跟各位說明。

為什麼教各位數息呢？因為我們不是古代的禪堂，如果在古代，大家可能不敢進禪堂，為什麼？因為古代的禪堂一進去上面寫著三個大字——「選佛場」，選佛的，是佛陀考試會場，所以進來是考佛的，現在這樣寫的話大概沒有人敢進來了。像高旻寺很多大寺院，他們要進去打禪，是要先考試，怎麼考試？你進去打禪，前面就坐一個老和尚，你雙盤坐他身旁，打一柱香的時間，那香多長？就三個小時，做得到的人就進去！以前看古德的書，想想看應該如此實踐，這很不容易，現在這樣打，禪堂大概就關門了。但是以前生活辛苦，在禪堂裡面可以吃幾頓呢？五頓、七頓、九頓，所以很多人為了吃飯，就苦練腿子，讓腳可以雙盤坐幾個小時，坐一天也沒有關係，也是有這樣的狀況，但是這跟修行是無關的。

今天各位在此是要成佛開悟的，我必須兼顧到時代因緣，要讓大家很迅速把身心統一，所以這「修」跟「證」的方法如何結合，是考驗一個禪者。

經行的方法

中國禪宗後來發展成兩個系統，有五家七宗，但是在後代最主要是兩派，一個是臨濟、一個是曹洞；一個是講話頭禪、一個是講默照禪。那我現在帶各位的方法，默照會比較多一點，話頭禪也會介紹給大家，但是主體上還是要讓大家修默照，但是這默照也不純粹是默照，應該說是恢復到佛陀禪法的意旨。當時佛陀的經行是很重要的，後來影響到中國禪堂裡面的快步經行、慢步經行與一般經行，這三個要合在一起，我教給大家的經行方法除了結合上述三種，也結合了放鬆的方法。

我大約在二〇〇七年開始帶大家「極慢經行」，這是種慢而又慢的經行方法，這種方法只要用心的話，會比快步經行更耗費體力，所以時間不能太長，否則可能會有人體力不支。但是這方法非常有力，基本上一、兩天的時間，身心、定力都會有所改變，我必須讓各位進入到那樣的狀態。

一般的打禪，大約到第三天、第四天，正要進入狀況的時候就要回家了，所以現在希望各位在第二天就能馬上進入狀況，於是這經行的方法就變得很重要，因為我從經行中得利，所以這個經行的方法比較特別，是融合我自身的經驗所發展出來的。

大學時我常在河邊經行，在經行中呼吸停止、身心停止。這裡請問各位，我們修禪是調整三個地方——身、息、心，這三者哪個粗、哪個細呢？身最粗、息次之、心最細。這裡跟各位分享我自己修行的經驗，我從十歲開始打坐，國二時開始能控制身體的心跳、血壓、溫度，但後來引發一個後遺症，因為我們的心臟跳動，它像引擎一樣，如果引擎的潤滑油太少，它會當機的。因為我控制呼吸，控制的太微細，結果心臟竟然就停止了，所以高二的時候，死過一次，心臟停止，所以從此之後，我就不教大家任何控制呼吸的方法，為什麼會這樣呢？心、息、身三者相互運作，當你控制息過度，但是心念還在時，你的身體還需要燃燒的，這時候人就會有生命危險；但如果到達四禪，心很細，自然心停息就停，息停身就停，這時候就是自然入定，就如同廣欽老和尚。

活著的時候就要能掌握死

問各位一個問題，你們能不能知道自己什麼時候離世？修數息法的人，比較容易知道自己什麼時候會走，我記得有一個斯里蘭卡的高僧，一個阿羅漢，他一直修習數息觀，所以自知時至，能夠自我掌控。第二個問題是你們死的時候自己知不知道呢？這個問題比較容易回答，各位想想看，你們死的時候，你們知不知道你們自己死掉了，你們想一想，你們死的時候，會知道自己死掉了嗎？如果你們死的時候，當下就知道自己死掉了，這叫做知見。換個問題，你們睡覺的時候知不知道自己睡著了呢？如果不知道，那對於死亡可能就更沒辦法了。

如果我們死亡的時候不自知，不精確地瞭解自己的死，會變成死亡的時候，不肯承認自己死，大部分人都是這樣子的，很麻煩。簡單地說，就是死的時候要知道自己死了，還會看破，所以為了大家生命的利益，我現在要讓你們的心，從這樣不精確地覺察，從粗變細，而且能夠在死亡時，當下覺、放下，這是什麼呢？當下就解脫了，不受後有，所以這樣極慢經行的方法很好。

當你們經行越走越慢、越走越慢、越走越慢、越走越慢，走到最後，身體就像落葉飄落地，身體停止了，不控制呼吸，心念就像雪花掉落大地；就像雪花掉在紅爐上，紅爐一點雪，雪花就如如寂滅了。

「紅爐一點雪」這是源自長髭曠禪師參禮石頭希遷禪師的禪宗故事，這位長髭曠禪師要去參禮石頭希遷禪師，這石頭希遷禪師跟馬祖道一禪師，他們是六祖惠能大師的再傳法嗣，一個在湖南、一個在江西，湖南、江西二大師，走來走去，來往參訪，叫「走江湖」，走江湖是禪宗的特色之一。

長髭曠禪師到了湖南參訪石頭希遷禪師，石頭希遷禪師問他：「你從哪裡來？」

長髭曠禪師回答：「嶺南。」

「那麼嶺南的功德你成就了嗎？」石頭希遷禪師詢問他是否成就了祖師的功德。

長髭曠禪師篤定回答：「早已經成就了，但是欠點眼，欠開光。」

石頭希遷禪師再問說：「這樣，你是要我幫你點眼嗎？」

長髭曠禪師回答：「是的。」

石頭希遷禪師聞言不語，坐在法座上，垂下一足，這時長髭曠禪師一看馬上跪地禮拜，這是師弟相禮，代表法傳，但不能這麼簡單就讓長髭曠禪師過關呀！所以石頭希遷禪師要考試，問他說：「你見到什麼，為什麼就禮拜了？」

長髭曠禪師回答：「就如紅爐上一點雪。」

「紅爐一點雪」就像兩隻泥牛，兩隻泥巴做的牛，鬥入海，直到如今無消息。同樣的道理，紅爐上一點雪，你的心念入於寂滅，請問寂滅是無知嗎？如果寂滅是無知的話，那是木石，無用。所以寂滅一定是清清楚楚、明明白白，這是體性，如果生命走道盡頭的那一刻，自己卻不知道、不覺，那是無明。全部放下一定是清楚明白的，所以放下的要放下、能放下的要放下、所放下的要放下，一切放下，連這放下的，全部再放下，清楚明白也放下，放下之後更清楚明白，所以這時候身心寂止、身心寂定，這是什麼？法界體性，就是入常寂光、入於法身，但是你能不能如此呢？就看各位了！

各位，不要等到死的時候，再看看能不能掌握，太慢了！活著的時候就能掌握死，掌握能不能自在，這個狀況是怎麼樣呢？就算是成為植物人，還是自在。植物人只是神經系統不能作用而已，覺性是在的，但不是要你們變成那樣子，而是要隨時隨地自在，清楚明白的。當你入於涅槃，不受後有，就解脫了。這時候各位要迴光返照，要重新用願力受生，菩薩是以願力受生，這是「三昧耶身」，披上「大誓鎧甲」，你的願力就是你度化眾生的鎧甲，在生死當中，出入自在，不被人間雜染所迷惑；你的心寂滅，從寂滅心裡面生起悲心，大悲的心風吹動，吹動、引動你的念頭。念，心思比念還細，念頭動了、念頭動力，正覺正念起來了，這時候推動你的息、推動你身體的細胞、你身體所有的動作。

一九九〇年我被兩輛車撞，一輛車把我撞飛，從空中掉落時，另外一輛車撞過來，保險桿插進我的身體，我被拖行了一百多公尺，整個臟腑都碎裂了，送到醫院的時候，七孔流血，醫生說沒救了。但過了一會，我醒過來了，當時旁邊圍了一大堆人，感覺到大家非常悲淒，我覺得很好玩，就開始講笑話逗大家笑。

注意，這個念頭起來的時候是清楚明白的——從念頭斷掉，再重新起念。所謂念、覺，念是覺的。所以第一個感覺是「正念相續」，各位看看自己從入定中出定，是不是如此？完全正念相續，從入定到出定，到下一生都是如此正念相續。因為人在這種極端痛的狀況，自動會切斷神經系統，否則會痛死，這切斷後再起念，都是正念相續。另一個感覺是心中沒有任何的分別瞋恚，這是「悲心相續」；第三個感覺是「說法欲樂相續」，也就是我看到大家圍著我，雖身負重傷，馬上開始依緣而說，當然這並不是一個圓滿的境界。

所以教各位方法，讓各位自自在在放下，自自在在起動、自自在在圓滿。從生到滅，滅所有的煩惱，讓身心自在解脫，從滅再重新受生。

叁

因緣所生

Before
the Enlightenment

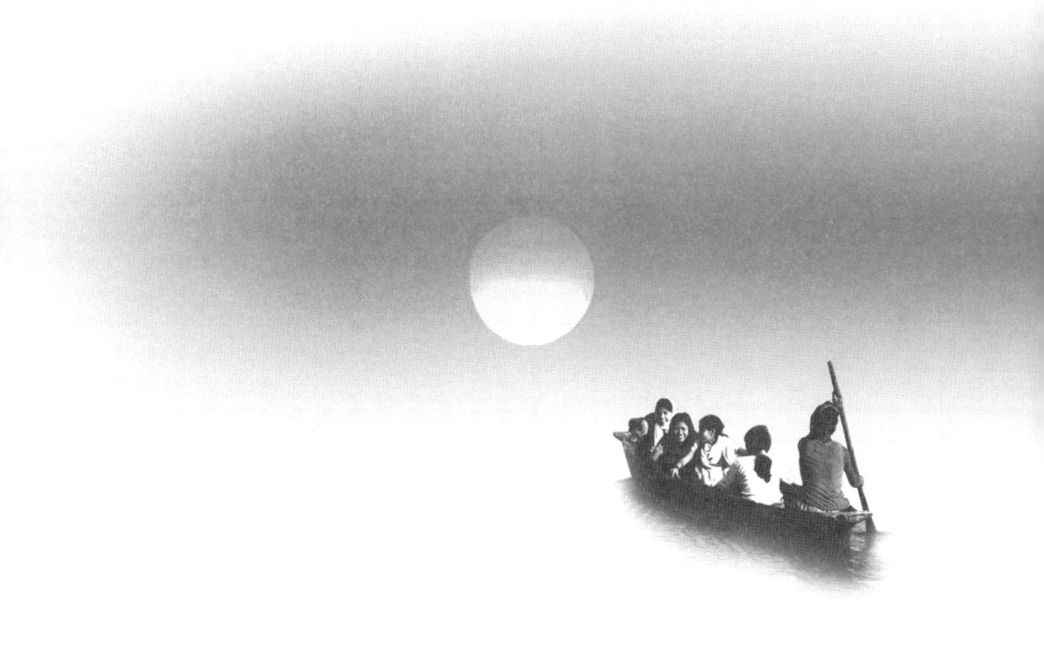

傳香開示

此香各自內熏
莫向外覓

清晨五點多天未亮，禪眾在寒冷的天氣下帶著隨身坐具，步行前往正覺大塔作早課、坐禪，後在佛陀成道的菩提樹下師傳法身香。

現在發給每個人一炷香，這是傳五分法身香，我跟大家講說緣起，當初佛陀的大弟子偉大的舍利弗尊者入滅了，大家十分傷心，這位偉大的成就者，被稱為第二佛的人，被無常風吹滅了，阿難代表大家請問佛陀，為何這樣偉大的成就者就這樣消失了？

佛陀告訴阿難，舍利弗他已經入滅了，他的色身——色、受、想、行、識，有漏的五蘊色身雖然已經消失，但是舍利弗尊者的五分法身——戒、定、慧、解脫、解脫知見，並沒有消失。

肉身在無常生滅裡，在因果的變化當中，一切皆無常。而戒、定、慧、解脫、解脫知見，是超越時間、空間的對待，所以舍利弗尊者的五分法身並沒有消失。「戒」是他守戒清淨；「定」是他修學圓滿；「慧」是他智慧無雙，「解脫」是由戒、定、慧的修持，到達解脫的地方，他已經自由了；「解脫知見」是要達到解脫所有歷程的知見，他都完全了知，並具足教導大家到達解脫的智慧。

這裡對「解脫」與「解脫知見」做進一步說明。很多人不了解這兩者，以為一個解脫的人，一定懂得解脫知見，這是不正確的，一個解脫的人不一定是好老師，很多阿羅漢根本不善於講話，更遑論教學了，雖然他所證得是對的，但符號系統卻有問題，所以有時不得已，才以神通來表達。

解脫與解脫知見，用我們最平常的話來講，「解脫」就像從台北到高雄，若我們已經到了高雄，就解脫了，然而可以到高雄的人，不一定知道路，也不一定會指導別人怎麼走，可能某一方面很清楚，但不見得全程了知。而「解脫知見」就是他自己都曾走過，而且每一處是怎樣，怎樣調整，他都清清楚楚，因此「解脫知見」比「解脫」難，解脫的人不一定有解脫知見，但有解脫知見的人必定能解脫。

相對於肉身的「有漏」，這五分法身就稱為「無漏」的五蘊，是佛法當中法身觀的起源。法身有兩個觀念，一個是所謂的法身，是實相空性的法身，五分法身屬於功德修證所成的法身，這個觀念後來演化成依法成就的報身——功德法身，自受用報身，這是思惟佛陀的戒、定、慧、解脫、解脫知見，與佛具足一切種智，偉大的十力、四無畏、大慈大悲種種功德，思惟這些內容，就是功德法身。

有法身，有生身，這樣的觀念到六祖惠能大師時，《六祖壇經》記載他傳五分法身香，此香內薰，不是外嗅，我依這個意旨，傳大家五分法身香，希望大家同證法身，圓滿成佛。這個五分法身傳香，在美國聖荷西傳過一次，今日在這裡因緣更加具足了。來看這一段偈頌——

〈法身傳香偈〉

自心無非自性戒，
自心無亂自性定，
自心無癡自性慧，
自心無縛自解脫。
如佛廣度一切眾，

解脫知見現具足，
成證無上菩提果，
眾生全佛自圓滿。
南無本師釋迦牟尼佛（三稱）

什麼是戒呢？自心無非自性戒。我們心中常觀照自己，不念他人非，這就是戒。自心無亂自性定。什麼是定，又什麼是禪，自心無亂才是定，不是我們這樣打坐，這只是外相罷了。再來，什麼是智慧，自心無癡自性慧。智慧就是沒有煩惱，不是有一個東西叫智慧，而是沒有煩惱就是智慧。自心無縛自解脫。什麼是解脫？沒有人綁你，沒有什麼讓你被捆住，所有的被綑縛、不解脫，是一種自我幻覺。誰捆綁你呢？沒有人綑綁。所以自解脫、自放下，自心無縛自解脫。

我們如同佛陀，發願廣度一切眾生，無上的解脫知見自然具足，自然成證無上菩提，我們要做的事，就是讓一切眾生圓滿成就、成證無上佛果，所有的眾生成佛，才是我們的依據。你看，眾生是圓滿的佛陀，那是「同體大悲」，是無上的智慧，即諸佛菩薩將眾生看作是和自己一體的。所以同體一定是大悲的，大悲一定是同體，同體是智慧，大悲是慈悲。「無緣大慈」是超越一切因緣的對待，利益眾生是不需要任何外在的條件的，能夠解脫眾生，這才是圓滿。

當你看到一切眾生都是佛，這是最深最圓滿的修證，也是佛的修證成就——無上菩提、悲智圓滿、廣度眾生。所以見一切眾生是佛，這是最深的智慧，最大的悲心。我們以此法身傳香，供養佛陀，普願法界眾生同圓佛果；願這個世界，整個法界同成淨土。

這一次的大覺禪七是一個授記的旅程，這個授記來自《首楞嚴三昧經》，授記有四種：一種是佛陀在大眾之中現前授記你將來成佛；一種是佛陀為你授記，其他人不能曉，這是祕授記；一種是佛陀為你授記，他在眾中為你授記，但你不知；第四種是眾生當然成佛，現前是佛，全體授記，必然成佛。

你們來此必然成佛，必證無上菩提，必廣度一切眾生成佛，必現前圓滿，供養本師釋迦牟尼佛，也供養你們的自心佛，同時我在此向你們問訊、供養。

今天一切因緣，十分具足十分圓滿，大家真是具有廣大的福德，我們讓自己成佛，也廣度一切眾生成佛。來，一起稱念——

南無本師釋迦牟尼佛

南無本師釋迦牟尼佛

南無本師釋迦牟尼佛

謝謝大家，一切吉祥。

上午開示

誰是真實修行者

上午八點半回到世界華僧朝聖會館禪堂，坐禪。

宇宙中有多少的生命，而在無數的生命裡，誰能成為一個具有生命力、向上的人類？在法界中能夠修行的人類到底有多少？

經典中有提到天人，這些天神們正享受著快樂，阿修羅們正在生氣——為什麼天人比他好？而三惡道的眾生，他們忙著受苦受難，忙得沒有時間修行。只有我們人類，能吃苦耐勞、苦樂適中，擁有最自在的抉擇力、最強大的自由力，所以有機會思惟生命向上的方法，能覺悟成佛。

所以經典中說，當一個天人要轉生成為人的時候，天人們就互道恭喜：「恭喜！你可以修行了。」

就如同河水一樣，天人看著河水像琉璃一樣；魚類看著河水，是牠的生活區域，牠的宮殿牠的家；餓鬼道的生命看著河水說是血，因為他們乾渴無法來飲食。我們身上每一個人，都有六道的種子，因為我們在六道輪迴過，雖然如此，但我們覺性不滅，所以我們本覺是佛，始覺成佛。

所以同樣一件事情，我們到底用我們身上的哪一道去看？用我們身上的天道去看這個事情？或是用我們人的眼光來評比現在我們所處的世界；用修羅的瞋目瞋恨著；用餓鬼飢渴的眼光看著世界；還是像動物們用無知的眼光來看待世界；或是如同地獄的眾生，整個世界對於他就是一座永遠無法逃脫的牢籠。你用六道眾生的眼光去看待，可能上升可能下沉，輪迴生生世世。

或是你放下這一切分別的眼光，用你本覺的自心，用如來的心來看待這個世界，因緣所生、因緣所滅；有因有緣世間生起，有因有緣世間寂滅，而你的體性無有染污，這叫「污染不得」，但是我們需要努力修證，因為修證不無。如果不修證，你怎麼能證到「污染不得」的體性？

我很不希望用「佛教徒」這個名詞，因為在我眼中佛陀不是「佛教徒」，他是所有生命的覺性，佛教只是一個方便的稱呼。佛陀要創立宗教嗎？佛陀不會想創立宗教的，佛陀在《法華經》所說的，他以一大事因緣出現於世，什麼樣的大事因緣呢？要開示悟入所有的眾生，證入佛陀的知見。簡單的說就是打開成佛之門、教導成佛之門、了悟成佛之門、實踐成佛的果。

佛陀只是為了我們成佛而存在，《法華經》說「一稱南無佛，皆共成佛道」，所以若說佛陀要創立佛教，這不是很奇怪的事情嗎？他要每一個眾生都是如來，那怎麼會有一個佛教的事情呢？所以說「BuddAll」、「All is Budda」，全部人都是佛，對不起我講的太小了，不是全部人，而是全部的生命都是佛。

我們能共聚在此，不是來找這個外在的印度菩提伽耶小村莊，而是來這邊尋找我們的自心自性、我們自己心中的佛、我們自己心中的毘盧遮那佛、我們自己心中的釋迦牟尼佛，他從來沒有離開我們自心，那麼多的人類每天在人生當中努力的工作，從生到死，從死到生，有沒有這一念覺悟——反觀自性，想要這樣一念回觀的人，多少人能夠真實修行呢？

而這些真實修行的人，能克服種種條件共聚於此來禪修也是非常不易。碰到各位是我的福德，為什麼呢？因為沒有碰到你們之前，我沒有機會在這邊打禪，這不是很奇怪的話嗎？在我看起來一點都不奇怪，因為你們正是布施我功德的人，讓我有機會來這邊打禪。而這個殿堂，或許看起來不是最好的一個禪堂，但現於此就是最好的了。很多話在佛法中聽起來是老生常談，但是此生不向今生度，要到何時才能度此生呢？

極慢經行導引

你從光明裡面
要撈出什麼光明呢？

在禪堂進行極慢經行，
這幾天偶有停電狀況。

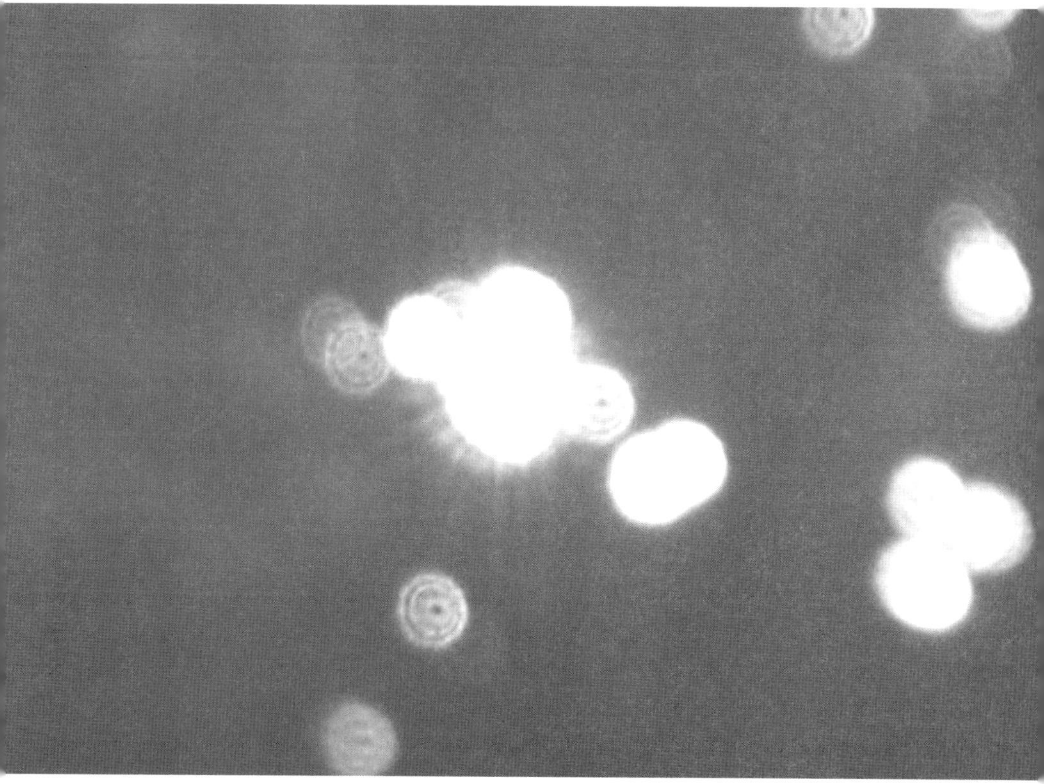

每一步走的是如來的步伐，每一步，步步安時，步步如來；每一步，在當下，這一步踏下去的時候，心寂滅了。心寂滅是什麼，就是心完全地覺醒，每一步當下現覺就是如來。當下這一步若跟著境界走，叫作入迷，就是眾生。所以覺即佛，迷即眾生。

有些人在經行裡面入定了，入定的時候出不了定，為什麼會這樣呢？因為他入定的時候覺不在定中，也就是入定的時候不知入定，或入定了之後才覺察在入定，所以定住了。上次在美國莊嚴寺打禪，有一位同修入定，站著入定了兩個半小時，你們也許會說：「嘿！這個定真好哦！」是的，不簡單，因為世間能夠入定的人不多。但是跟大家報告，這樣叫做定力不周延、定力不深，定的時候你不覺知，就是還在境界裡，所以你要出定的時候，定當然不隨。簡單地說就是「定不自在」、「定慧不等」，所以我說的是「定真好」，而不是「這個定真好」。

所以經行的時候，這一步下去，定現覺，覺在定中，這也就是「照」，觀照就在你的「默」中，所以說「默照禪」。

那麼在定中要起定的時候是什麼情形呢？心一起，定即起。定在慧中、慧在定中，叫「定慧等持」，如燈光不二，這樣的步伐叫「如來之步」──「無所從來，無所從去」、「如中行來，如中行去」，但一般人還沒入定的時候就會希望趕快入定，這一趕一急，定就被你趕走了！

禪七很短，我要把生生世世如來教付的法告訴各位，所以你們必須一眼看透我的手段，我是透明的，但是你們要睜眼看，我希望你們不只是自成就，真正的成就只有自覺覺他、自圓圓他，這是全佛行者。所以如何修行，就在這每一步的如來之步。接下來我們開始經行──

極慢經行導引

身心放鬆、放下、放空。

按照你所學習到的方法，方法都是假的，到最後沒有方法，只是現在的我們需要方法。

現在把腳趾頭放下，腳後跟放下、膝蓋、胯骨坐下，

整個尾閭骨像金剛杵一樣掉下去，腰椎鬆開……

腰椎鬆開之後，腰就直了，腰直了之後胸椎要掉下去，

肩胛骨掉下去，肩膀掉下去，大椎骨要掉下去……

大椎骨一掉下去，頸椎才會拉直，頸椎拉直之後頭頂就像氣球一樣，浮在空中……

胸骨肋骨放下，五臟六腑放下，整個身體如氣球，身如楊柳在水中……

一切有為之法如夢幻泡影，所以此身如夢、如幻、如泡、如影、如光、如電，

光明如千百億日的明亮，這是緣起如此。

但是它是空的，明空不二，所以透明有如彩虹般無實，互相映照、平等無二，

所以遍照光明。這就是毘盧遮那佛，就是大日如來的光明。

你身光明，所有的人都是同樣的光明，你具足法身，每一個人都具足法身平等，所以這個世界變成常寂光淨土，也是變成光明。

讓光明在光明中行走，光在光中行走，多麼自在如意。

不要被自在如意這個覺受抓走了，因為自在如意只有當下、當下、當下……

不用擔心，不會丟掉的，你不抓它 它就丟不掉，就像水中的月亮多漂亮，手一抓，你何必干擾它呢！

你的身心就如同水中之月、鏡中之影，如是清楚，如是明白，你跟這個世界，就如同鏡與鏡子相照，宇宙是你的倒影，你是宇宙的反射。

身心放鬆手輕握，安步踏上如來之步，看看如來在悟道後第三週，在菩提樹的左側經行，什麼是步步蓮花，是完全放鬆、放下、放空。

你空，宇宙也空，同體不二，然後在全體放下裡面，他的清淨無染的心啊！

這就是蓮花，污染不得的心，超越心意識，心不可得的心，恰恰用心時，恰恰無心用的心，無心恰恰用，常用恰恰無。

思惟什麼，思惟一個不思量地，不思量地怎麼思量？放下一切，現前清楚啊！

如來的步，安安穩穩地踏上去，一步全部放下、全部放下……覺照現成，
放下就是寂滅的體性，覺而照，提起來就是全體在用，全部的妙用就在你的腳上，
是照而寂，
寂而照照而寂，就是清楚明白地全部放下，就是默照、照默，
身心永寂靜，自在婉轉，光明妙用，絕不可得，心如如的……境如如的……

心呢，是無所住而生心，如果說你不會用無所住而生心，那就生心時無所住，
念念起，自由自在的。
念念起不為念念所縛，境界一切現空不可得。

請問，你從光明裡面，要撈出什麼光明呢？
心身心境，完全統一，完全放下，完全空寂，腳要真放得下，心要真放得開。
全部放下，身心自在，放下布袋，何等自在！

每一步自在放下，入於究竟的寂滅，安住定中。
每一步完全放下，完全入於定中的時候，心中清清楚楚、明明白白地覺照，
這就是觀自在，這個就是行深般若波羅蜜多時，

這個時候就是能照見五蘊等皆空，度一切苦厄，
放下、覺照，覺照、放下。
放下即覺，提起的時候也是放下的，定在慧中、慧在定中，覺定定覺、同體一如，
現在看看自己的定力有沒有增長。

整個身心放鬆，讓步伐慢下二分之一，心念也慢下二分之一，
讓你們的身心能夠更加地寂定，在更加的寂定當中，心是不是覺照得清楚呢？
是不是更看得清楚，看得明白，而不是掉到這個無常坑裡面，
掉到無明坑裡面，一掉進去，就昏迷不覺。

所以，越慢越定越覺，越覺而不亂，所以覺能在定中、定能在覺中……
慢下來，身心更統一，從內到外更通透，
每一個細胞，從骨髓到臟腑，到你的肌肉皮膚，身體的循環，
每一個都是放鬆的，六根都是放鬆，放下而放空，六根都收攝回來。

這時候 忽然之間，整個山河大地，宇宙中的色聲香味觸法，地水火風空，
忽然之間它不再被你排擠在外，而是跟你完全同體，它進入到你的身體裡面，

而同體之後，又宛然現空，不可執著。

六根放下、六根放下……
六塵你不抗拒它，不抓取他，它跟你的身心統一，
這時候六識就轉成為六智，這個叫六根清淨，
它本然不可染污，染污的只是幻相。

電停了，電來了，燈亮了，燈滅了。
你的心，是不是見性不滅，你的心，見的能力是不是沒有改變呢？
心，讓它如如自在的，就像水銀瀉地一樣，粒粒成圓。
它周轉自在，就像如意寶珠在珠盤上面隨意的周走如意，

來！讓自己的心更明亮一點，
就像打開天窗一樣，就像把車子頂上的天窗打開，
或是像古老的房子，陽光從屋頂上的天窗照下來，
讓它看得更清楚、更明白，
只有看得更清楚、更明白。

這時候身體再慢二分之一，心再慢二分之一，但心的覺照不會丟掉。
心輕輕的讓它明一點，千萬不要用力，
現在要做到很微細的工夫，一點點提起來，一點點讓它明一點，
微調你的心光讓它明一點，讓它不要進入沉沒的狀況。

這時候身體可以更慢二分之一，心念更慢二分之一，而清清楚楚、明明白白的，
步履要輕而慢、鬆而柔、放下而有力，
心念要專注而放鬆，清明而沒有分別，覺照一如。

整個呼吸放下，
讓大地，讓法界幫你呼吸，讓宇宙替你呼吸，你樂得清閒，
心、息、身三者都統一而放下，
跟世界完全的和諧，沒有分別，但是絕對不要有統一的執著，
是統一而放下、統一而空，統一只是用方便方法，是讓你能夠安心的空。

花開花謝，人來人往，

今天正是經行的好時節，正是參禪的好風光。
誰，在走路，誰不是佛呢？

再慢二分之，心不要沉沒不覺囉，不要掉到無分別的無記狀態，
也不要因為慢，心吶，就安住不了而胡思亂想，
也不要落到境界裡面，不管是光明，或是種種喜悅、哀傷的各種境界，甚或是禪境，
任何境界都放下，自在地走過去。

身不要停下來，
但是，每一步每一步，就像細胞慢慢而動，柔和慢，輕而有力，
每一步就像一朵蓮花，輕輕捧住你的腳，
你一踏下去，一朵蓮花張開盛住你的腳，蓮花扶著你的腳，再踏向下面一步，
一步一步生起蓮花，托著你的腳而走，那麼柔軟、安適、自在。

再慢下來，用你能夠走得最慢的速度走著，
在慢慢走的時候，身心的煩惱煙塵，都自然地抖落掉了，
所有生命中的苦悶，一切的不安、掉舉，全部放下來，

走得最慢最安適，一步一步清楚地走著，
一步比一步更慢，一步比一步更慢……

繼續走五步，
走到第五步的時候，你可以站著，也可以坐下來。
讓整個身心完全的休息，進入法界體性諸佛的法身光明當中，也就是你自己的法身光明。
身體就像楓葉一樣飄落，
你的心就像雪花飄到熾熱的爐上，雪花飄下來，
結果呢，心就化了。
五步後，或站立，或如同水母一樣，慢慢飄落、坐下、自在隨意，
捨棄一切心意識的分別，身心障礙煩惱，何等自在啊！

（眾人靜立三十秒）

心完全在光明之中，
寂靜地坐下，一切放下……
要站，要坐，自在隨心，一切放下……

（眾人靜定六分鐘後，師敲磬）

心，從法界體性中現起，
是如來的覺性，是法身的心，是不可得的本覺體性，
心起念覺，大悲的心風，慈悲的心念，推動著光明的心性，
讓這智慧慈悲的心念起來，讓智慧慈悲的心念推動你，
那無所從來、無所從去、自在如如的呼吸，去推動你的身體，
已經宛然成為光明不可得，一切自在的細胞，自在的身，自在的佛身。
那麼在這法界體性，絕不可得的法界當中，你們慢慢地站起來，
清楚地看著，心如何推動你的心風，
如何推動你的念頭，如何推動你的身體這樣起來，
光明從光明中生起，無所分別，現前覺悟，大悲遍滿。

在法界中安住而行，身與世界無二無別，
同體大悲心生起，一切不可得、一切自在，
來，起來！自在地起來！自在地起來！

安住站立，佇立莫動莫妄動，不要碎動，
不要被定抓走，也不要被動抓走。

現在仔仔細細看著你的心念，
你的心，你的心風，你的念頭，你的呼吸，你的細胞，你的身體，
往後，輕輕地走一步，看它怎麼動的，
很慢，要看得清楚，你往後如何走那一步，往後的那步你是怎麼走的？
你們這一輩子，有沒有清清楚楚地看著你們自己，告訴自己如何往後走？
踏一步，仔細地看清楚之後，再踏第二步，
仔細看清楚之後，再踏第三步。

好，大家會往後退，就可以往前走了。
生命有時候向前走，有時候往後走，
來，不如我們向右踏一步，向右再踏兩步，
看看你的身體，你的心念，你的呼吸是怎麼動的，
你會發覺到原來你的身體你的心，藏著這麼多秘密，
現在再回踏左邊一步，再左邊一步，

你的肌肉，你的動作，身心相互的影響，不要落入生命的慣性。
什麼是輪迴？輪迴就是習慣呀！

來，慢慢地向前走，
所有動作只有覺照，不是習慣。
向前走，一步、一步，清清楚楚、明明白白，輕、慢、有力，
像風一樣，像水一樣，像光明一樣，
光明在光中行走，而光也不可得，
明而空，空而明，明空不二，不二明空。
從此之後大家自在而行，自己是如來，
就是這麼走著。

從來佛不在別處，就在自己胸臆，就在自己心，
而現觀自己是佛，絕無佛可得，
這時才能如來，才能是如來，才能真正的觀自在。
如來是你的心，觀自在是你的身，菩薩是你的行為，
全體法界，是你自己在服務自己，

但卻是全體不可得，如幻現空、全體放下。
光明照著光明，互相地照耀著，多麼有趣的遊戲啊！

不要執著，要放下，
但是既然放下，一切不可得，一切汙染不可得。
那麼，不要那麼懶，懶得自己去照自己，
也不要那麼笨，去別人的地方要拿光明回來，向外求法，
各位呀，我說的每一句話都是廢話，只有你們心裡才有真話，
我不過是虛幻的影像，我從來不存在的，
只是受你們的召喚，生起的幻影而已。

清楚地看著走著、走著，肚子也餓了，
喔！那麼走快點好不好，
我怎麼提醒你們肚子餓呢！這餓不是真實嗎！
佛陀肚子餓的時候幹什麼？吃東西啊！
就像牧羊女供養佛陀乳糜，佛陀餓了那麼多天，總要吃飯吧！

各位佛陀，來，自在地走向前去，
腳後跟要踏下去，腳掌要踏下去，要自在，不要學自在，
自在是現成放下，不是去學個樣子。
來！用正常的速度走向前去，
可以微微再加快一點速度，不要跑快，很自在地走，
很自在地走是走得自在，不是學自在走，
而是自在自己在走，不是有個自在的樣子在走，
是觀自在自己走路，就是這樣子。

來！把步伐跨大，
尾閭骨放下去，整個大腿內側的肌肉全部放鬆，
讓大腿內部的肌肉、腳掌全部放下，
放鬆，要放鬆地走下去，
大腿內部的肌肉不鬆開，中脈不能夠真正通達，
尾閭骨放下，大腿內側的肌肉放下，胯坐下，步伐自然就踏開了，
步伐一踏開，心就能夠沉下，肩膀自能夠鬆鬆地放下去，
肩胛骨，整個身體就自然能夠往下飄落，

踏得穩，踏得實，跨得自在。

停。

清風吹來，光明普照，

肚子餓了，正好吃飯。

戶外打禪開示

隨時隨地轉識成智

午後前往國際禪修花園，禪師要大眾各自找一悅意處，或樹下或花前，安身坐禪，一時大眾於林園中敷展坐具，宛如回到佛陀時代。

今天我們在這邊度過很愉快的下午吧，沒有想到這次的因緣，讓我們跟菩提伽耶產生了很大的聯繫，感覺這裡就像我們的家一樣，我感覺到這裡就是我們的家。

你們剛剛在這裡打坐的時候，鳥聲與自然的聲音、唱誦聲，跟喇叭所發出來的聲音相交結在一起，產生了一種不可思議的和諧。在吵雜裡面，大家居然感覺到那麼的安靜。

其實說真的，這裡算是吵吧，尤其是鳥特別吵，但是在這種吵雜裡面，竟然是那麼寧靜，大家有沒有體悟到一個道理？聲音不一定會吵到你的心吶！六根不一定會被六塵所控制，當你都攝六根的時候，六塵進入你的心，就像一面鏡子。

請問一面鏡子，它一次面對幾種因緣的影像，我們很多人總是說：「唉呀！我好忙，我平常很多事情，只有打禪的時候才會專注一點。」我請問各位，一面鏡子照著一千個人很複雜的景象，跟一面鏡子照著一個人，請問它照的最後是不是一樣呢？

我們的心不可能老是藉口說「唉呀！要切割成很多份，很多其他眾緣什麼的」，其實我們所面對的，永遠是一緣。而這一緣是什麼，是空的，是要放下的，你的六根被六塵抓走了，就產生了六識。

我現在作一個誇張一點的比喻，就如同一個人，被勾引走了就生下了孩子，那麼就產生了賊子賊孫，六根六塵生了六識這個輪迴的孩子，六識又產生六根，再去結合六塵，生生世世，永世輪迴。

現在都攝六根，六塵的緣影你不執著，六根它回去了，安定了，為什麼呢？這是自性的作用，因為自性無差別，是我們的分別心有差別，這時候這個識就轉成智——六智，你就是如來。

禪宗的臨濟宗，這馬祖道一禪師一系用「性在作用」，也就是《金剛經》的「應無所住而生其心」，六祖惠能的無念法門，念念起不為念念所縛，這個立場，這個方便，用來詮釋這樣的作用，所以「性在作用」。

有人問馬祖「什麼是佛法」，他眨眼睛「性在作用」，什麼意思呢？就是「應無所住而生其心」，但是你們啊，常常會被「應無所住」給住掉了，所以給你們一個方便，就是「生其心時應無所住」，默照禪，談的是法性的作用。

所謂「東山水上行」，用台灣的比喻是「玉山流在濁水溪上」，用美國的比喻是「洛磯山流在密西西比河上」，用中國的說法應該是「喜馬拉雅山漂流在長江」，歐洲呢？「阿爾卑斯山被多瑙河帶走了」！這說的是「法身的流行」，即一切法界的種種萬象，不過是法性的顯現，現成流行而已，這法身是空，但是能顯一切。如《金剛經》說的「不可得」，一切境界不可得，所以稱「以無少法可得故，得阿耨多羅三藐三菩提」。

「法身的流行」，一個是用心在作用來體悟，一個是心如如，一個是境如如。這便是永嘉玄覺所講的「智了而境生，智生而境了」，智、境都是如——境沒有寂滅，智慧不會生起，智慧不生起，境不能寂滅，所以境智如如，所以心如如、境如如，心智都是如如。

這其實都是一體的，六根放下、六境齊收，六識就是你本心的作用，其實無所分別，當你無所分別的時候，毘盧遮那佛在《華嚴經》中證入海印三昧，這毘盧遮那佛就是釋迦牟尼佛，他證入海印三昧，智正覺成就，見一切眾生，全部是佛，所以這智正覺世間，眾生世間，然後法界全收而放下，十方三世同時炳現，空間跟時間都已經是不可思議，超越思議，整個法界跟他是統一的，統一而放下。

這樣的境界可以在宏智正覺禪師〈坐禪箴〉中看到──「水清徹底兮，魚行遲遲。空闊莫涯兮，鳥飛杳杳。」水清到徹底，看到魚在游呀！慢慢地悠遊，都看得清楚，這空闊沒有邊際，隱約只見飛鳥凌空而過。所以轉識成智，密教講的是同一個的道理，只不過它用境上來顯。

當我們轉識成智，我們的心就是金剛心，金剛心就是金剛薩埵，就是你不壞的菩提心，當然很多外相，甚至有所謂雙運的相，但是這要注意這雙運的相是一種比喻，但有些人是不能體悟這真實而誤用了。

這是什麼呢，六根是代表你的智慧轉成悲心，六塵是悲心轉成智慧，所以悲智雙運，當六大轉成般若的本尊，也就是佛母，佛母是般若之意。就像大白傘蓋佛母，大白傘蓋就是首楞嚴，不壞之意，也就是你佛頂的光明，大白傘蓋佛母的真言就是《楞嚴咒》的咒心，但它其實只是佛智光明的顯現，所以佛眼叫佛眼佛母、般若佛母，他並不是女性尊或男性尊，他只是能夠出生諸佛，所以叫佛母。

般若是諸佛之母，大悲是諸佛祖母，但是他用方便的顯現，變成般若，那本身你的本智、本覺，就變成佛。這只是轉識成智的一種表現，但是這樣的表現方法，是不是一定是好？這就見仁見智了。

因此你們隨時隨地都在轉識成智，你們六根都在碰觸六塵，不要認為一定要讀什麼書的時候才是在轉識成智，不是的，你們剛剛經行、打坐，六根都在跟六塵的互動；當你們來到這個花園，把襪子脫下來，踏在草地上，你的根塵心識又產生變化，這變化的覺，你的心是不是不變呢？

其實這是用不同的緣起，不斷測試你們的本覺，讓你本覺起作用，用各種方便而已。所以，日日是好日，時時是好時。

晚間開示

什麼是輪迴？輪迴就是習慣

傍晚的禪定花園天空出現一輪明月，無比寧靜安詳，夜間回到世界華僧朝聖會館禪堂聆聽禪師開示。

今天日子過得快不快？你們好像很疲累的樣子啊。來！大家輕鬆一點，今天會很想講話嗎？再忍幾天就過去了，修行就像煮開水，不要鍋蓋亂掀，否則氣都洩光了！

我們這次的禪打起來千變萬化，對不對？很多人以為我打禪都是一個樣子，說要引用我在打禪時說的話，我說：「對不起啊，我什麼時候要講什麼話我不知道！」我根本不會有預期呀，經行了那麼多次，我講的話總是隨緣變化！

人生啊！要努力來做主，做準備，但是事後不要求全。怎麼樣是求全呢？人怎麼來盡如人意呢？兩個人在這裡，你把水放在中間，兩個人都嫌遠啊！對不對？往東邊靠一點，西邊那個人就跳起來說你偏心；再回到中間，東邊的人跳起來說，你現在不喜歡我啦！所以怎麼中道而行是學問，中道而行是什麼？依因緣條件，依自己的智慧，決定該怎麼做，做了之後有錯就檢討，但是呀！很多事情卻是沒有辦法解決，不能求全，只能求什麼？圓滿的心啊！

佛陀有沒有智慧？佛陀圓不圓滿？佛陀慈不慈悲？佛陀有沒有餓肚子？佛陀有沒有人要暗殺他？佛陀會不會流血？這問題是指同樣的事件，你們和佛陀態度有什麼不同？一般人呢，恐怕是一陣驚嚇，受傷了痛死了！再來可能是要窮盡一生的資源要去追查誰暗殺他。這就是「覺」的問題。佛陀的腳被砸到了痛不痛？佛陀又沒有把腳的神經抽掉，當然會痛！不痛的話那是石頭，佛陀當然是痛的。那佛陀的腳被石頭砸到了，有沒有覺？痛而覺是怎麼樣呢？你感覺到痛，那就是痛而已。一般人一感覺到痛，馬上反應「唉呀！好痛！」心裡面就揪起來，身跟這個觸馬上抓緊，馬上被這個色塵抓取了。

你抓取這個色塵，你的心，你的痛，這痛一拉，拉到哪裡去了？這痛本來只是一種感受而已，結果它馬上抓你的心，一抓一捏，捏你的心像什麼？就像那牛魔王的心被孫猴子把它捏了，哎呀！痛！痛！一叫痛，瞋恨、分別種種心就發起了。什麼是因果？什麼是輪迴？一般人在面對果報時會恨會氣，會恐懼，當出現這樣的慣性，叫「無明俱生」。「無明俱生」它帶了三個兒子——貪、瞋、癡，它專門指導你的身、口、意作慣性活動。結果，你的貪、瞋、癡，你的無明，變成你生命的成見，控制你的習慣，這習慣當然是輪迴啊！輪迴不是習慣是什麼？成見就是你心中的無明！你一反應就是輪迴。但是你們可能會說：「老師，你講這樣子太不佛法了吧，太世間了吧，人家佛陀講法都很有學問的，人家都有很多佛教名詞的。」

諸佛妙理非關文字

各位，佛在二千五百年前在這裡說法的時候，請問一下，他的徒弟裡面知識份子多不多？文盲多不多？我們來算一算，猜一猜，佛陀的弟子裡面九成九應該是文盲吧？有沒有那麼多不知道，或許我擴大，但至少可能是九成吧。佛陀示現在印度，難道他會說「各位沒有讀書的，不准跟我學佛」，不會的，這是菁英主義。佛陀是平民主義，而且是在地主義，佛陀主張用什麼說法？方言，佛陀都用方言說法，佛陀弟子中成就的阿羅漢，有多少文盲呢？百分之五十、六十，還是百分之七十？難說。

又會不會有人碰到佛陀，佛陀就趕快拿一本佛陀概論、佛教名相通，對他說：「這麼大本背熟了，再來跟我談佛法。」不可能。也許有人會問：「你有沒有讀過唯識？」你說沒有啊！「喔那你的智慧會失去一半。你有沒有讀過中觀？」你說沒有，他又說「那你智慧再失去一半。那你有沒有讀過阿含？」你還是說沒有，「噢！那你智慧快沒有了。」這時候一輛車開過來，然後這冒失鬼噴起了地上充滿了糞便的污水，就噴得他滿身都是，他立即就開罵「你幹什麼好事？」但另外那個「沒有智慧」的人就怡然受之。請問各位，哪一個心中有佛法？

上次在聖荷西，我突發奇想：佛陀平常唸什麼經？六祖惠能平常讀什麼經？我知道佛陀是認識字的，那六祖惠能呢？他實際上是大字不認識幾個的。有一天無盡藏比丘尼在唸《涅槃經》，六祖聽到了就跟她釋義，無盡藏比丘尼又拿字問六祖，這個字是什麼意義？六祖回答：「我不認識字，若要問經中的道理，我可以為你說。」無盡藏比丘尼感到很奇怪：「你不認識字怎麼講經？」六祖說經又不是文字：「諸佛妙理，非關文字。」所以你們想想看，佛陀如果在新石器時代，出現在沒有文字的時代，他會不會說法？沒有語言文字，用比的是不是？或是用眼睛示意？嗯，想想看，很有意思的。

我們知道《維摩詰經》裡，維摩詰菩薩他們要去要飯，去哪裡要飯呢？香積國。那個飯是香飯，吃完放的氣都是香的。香積國用什麼說法？放香說法，用香精油說法。各位，香味可不可以說法？這是很有趣的。那麼，雪有幾種雪花？我們連一種雪花都很少看到，但你看愛斯基摩人，你跟他講下雪，他不知道你在講什麼，因為那裡每天都在下雪啊！他們雪的種類有很多種，今天下粗粗的雪，明天下棉絮的雪，後天是下什麼？比較重的雪，各種雪都有名字。就如同我們現在印度，印度最有名的食品是咖哩，你去飯店跟服務生說我要點咖哩，他會看著你，無法了解你要點什麼食物，因為他們有兩百多種咖哩，每一家的咖哩都不一樣。所以有放香說法的國土。

還有一個特別的國土，這國度怎麼成佛你們知道嗎？做夢成佛。他們做夢說法，夢中說法，有這樣的世界。所以語言文字只是一種表達方式，那佛法到底解決什麼問題？解決煩惱。什麼是智慧？沒有煩惱就是智慧。當然當出現語言文字的時候，自然就會形成一種法門，這是基本的緣起。

今天在禪定公園，要往回走的時候，豁然見到明月宛然現起，那好圓啊！今天是十五嗎？有些人說十四的月亮比較圓；有些人說十五；有些人說十六。所有的表示方式都是「手指」，這幫助你看到了什麼？月亮，所以指月。各位請放心，不懂唯識，不懂中觀也可以開悟的，只要你沒有煩惱，你管他中觀唯識，你都是開悟的人，把生命中的成見丟掉。注意一下，連佛法的成見也要丟掉，佛法是用來修學，用來去除你的成見，去除你的無明，去除你的煩惱，不是來增加你的煩惱的，不要讓你的生命落入習慣，你有成見就會有習慣、慣性。所以，這一步踏下去，感受那麼真實，當下即覺。覺是什麼？覺者即離。

所以過去心不可得，未來心不可得，現在心呢？當然不可得。否則，你只是在想而已，怎麼會去覺呢？所以，如果你現在可得的話，你是正在用頭腦用潛意識想，你怎麼去超越心意識呢？「覺」是沾之即離啊！佛法沒有一絲一毫能夠把你絆住，這叫做「水中捺葫蘆」。葫蘆在水中，你把它壓下去，手一放它就回來，就是珠走圓盤，珠在玉盤中走，就像水銀瀉地，大有大的圓，小有小的圓。

請教各位，「現在」有多長？一剎那？一分鐘？一小時？一天？一年？百年？千劫？你說：「唉呀亂講，『現在』哪有那麼長！」如果現在沒有那麼長，怎麼會有「一念萬年」這句話？這心的作用啊！既然心的作用如是的話，把心的作用去體會，放下心的執著。所以長、短、方、圓，不過是逢場作戲。但是，我們的生命態度，是覺而認真，覺而放鬆。所以佛陀他完全放鬆自在，卻是完全地專注。

參禪悟境與神通

接續昨天的《佛本行集經》，先複習一下五種蓋子是什麼呢？貪、瞋、睡眠、掉舉、疑。五蓋就把智慧蓋住，蓋住是什麼意思？就是你自己不讓自己能喝水。嘿！你們不要怪別人哦，很多人很喜歡怪別人「佛陀你怎麼不給我智慧」，佛陀怎麼給你智慧呀！要你把心打開，智慧本來就在那裡嘛！佛陀沒辦法幫你成佛的，如果他可以的話，我們來這邊做什麼？我們現在早已經在家裡成佛了，二千五百年前大家已經都成佛完畢。但是，佛陀能夠教導我們如何把蓋子拿開，來！蓋上蓋子的是誰？不要找錯，冤家一定是自己，這絕對不用討論，毋庸置疑，一定是自己！所以，解鈴還需繫鈴人。

我請問一下，你們是誰來無明的呀？這句話講得有一點奇怪，你們是誰來無明的？或是這麼講，你們是無明誰來？是誰在先？還是無明在先？算來算去，這個帳如果沒有算在自己頭上的話，就解不開這個枷鎖的！真捨不得跟你們一下講明這個話，太珍貴了！（眾人笑）所以活著大覺，大覺是什麼？解開你心的纏縛，誰縛你來？我們來看看這菩薩，他斷五種心、煩惱漸薄，結果一切悉皆棄捨。我們看看《佛本行集經》的經文——

爾時，菩薩得斷如是五種心已，煩惱漸薄。所以者何？此等五法，能為智慧作覆障故，能為智慧作不佐助，遮於涅槃微妙善路。如是一切悉皆棄捨，離諸欲心及不善法，分別內外，思惟觀察，一心寂定，欲證憙樂入於初禪法中而行。

「爾時，菩薩得斷如是五種心已」，就是五蓋。「煩惱漸薄，所以者何？此等五法，能為智慧作覆障故」，這五蓋能蓋住你的智慧。「能為智慧作不佐助，遮於涅槃微妙善路」，它不能幫助智慧反而遮住成佛的道路，所以「如是一切悉皆棄捨」。捨掉，怎麼捨？你們走路的時候有沒有在捨呀，身上有一分障礙，一定是心裡面有一分緊張；呼吸有一分緊張，一定是心裡面很緊張。所以身體放下、放下……放到什麼程度？無可放之處。身已無何者可放，息已下，息在何方？心已離已，煩惱何處？如如實實的這一步，就是涅槃之路，這一步就是如來之步啊！「如來他離諸欲心及不善法，分別內外，思維觀察，一心寂定，欲證熹樂，入於初禪法中而行」，這叫做棄五蓋入初禪，他證得初禪。證得初禪是什麼樣的境界？證得初禪就是離生喜樂，離開欲界的粗重，生起喜樂。

四禪八定的境界與退禪因緣

初禪、二禪、三禪、四禪乃至空無邊處、識無邊處、無所有處、非想非非想處，稱為「四禪八定」。四禪是最重要的，八定是附屬在上面，佛陀當初是先學什麼？兩個定，一個是無所有處定，一個是非想非非想處定。所以，佛陀是第一個把禪定法門系統化的人，他建構了四禪八定，但是四禪八定能不能解脫？不行。所以在菩提樹下，他超越了四禪八定，他證得無上涅槃。這一切根本是來自四禪八定修學，所以這是根本定。同時佛陀在這樣的修證教法當中，另一個特色是什麼？他為大家開啟了另外一條涅槃的方便之道，就是你修得初禪、二禪、三禪、四禪、空無邊處、識無邊處、無所有處，這七個定境，能夠入於解脫。四禪八定，四禪八定有幾個定？不是十二定喔，印度人都喜歡用疊數，四禪八定是四禪加四定，總共只有八，不是十二。這前面的七個定，是能夠解脫智慧。

初禪、二禪、三禪、四禪，它們分別有四種狀況，就是「退、住、進、達」。「退」是什麼？

你入初禪之後，哇！因為身體生病、起煩惱或是證得這個境界太歡喜了，因為沒碰過，反而執著或是嚇到了，所以從此之後就不能得到定境。很多人是這樣子的，這是退禪的一種因緣，有時候也會因為生病、貪執、恐懼等，例如坐禪時忽然間身體消失，哎喲！這是怎麼回事？怎麼身體會消失，就不敢再坐了，他不知道這是未到地定。所以，恐懼心生起禪修就有障礙，從此無法入定。

「住」是什麼？就如同萬年的科員，永遠在那個境界升不上去，「進」是什麼？初禪、二禪、三禪、四禪，可以層層地上去。第四種叫「達」，達是什麼？開悟。初禪可以開悟，開悟成為什麼？慧解脫阿羅漢。初禪、二禪、三禪、四禪、空無邊處、識無邊處、無所有處，這七個都可以開悟。這叫「七依處」，七依處所成就的阿羅漢叫慧解脫阿羅漢。為什麼叫慧解脫呢？因為他的心跟他的定尚未具足解脫，在原始《阿含經》有時候講「心解脫」，有時候講「定解脫」。有時候心就是定，還有光靠定力不能解脫，所以有些阿羅漢沒有神通，因為神通要靠定力。除了七依處，另外一種能夠得到開悟的境界是未到地定。

四禪八定是大定境，這些就像大的車站，未到地定或中間定就像那是小站，所以說有些坐快車的人，就說沒有這些小站，例如在台灣坐自強號快車時，田中、二水小站沒有停，所以四禪八定是根本的大定。

未到地定至四禪的開悟境界

打坐初期，用數息法，數一、二、三到十，這是一種方法，有時候是用不淨觀或是其他禪法。那麼各種禪觀，每一種禪觀證境都不同，不管是哪一種禪觀，剛開始的境界會產生粗住或細住，身心稍微調和統一，這時身體會「有法持身」。你們開始會體會到，嘿！靜坐很不錯，之前都感覺到靜坐只有痛苦，而且覺得教靜坐的人一定頭腦有問題，為什麼害大家這麼痛苦！但是從粗住、細住，到最後慢慢的，心統一了，會進入未到地定。

這中間過程會產生善根發相，所以打坐的時候有種種境界，有些人打坐會說：「唉呀！我看到佛像！」或是聽到很好聽的音樂，這基本上是善根發相，善根發相用現在的話來說，就是你儲存在腦中的經驗、資料被開啟了，所以大部分是由內在發出來的，不是真的有佛像來。

有善根發相，當然也有惡根發相，但是各位不要以為善根一定好，惡根一定不好。善根發相跟惡根發相是什麼意思呢？就像我們開車，哇！今天經過這個城市很漂亮，再下面那個城市可能很醜陋，這些都是過程。所以，所有的禪定裡面，你必須掌握到一個根本的總結，就是《金剛經》所說的「見一切諸相非相」，不管是善惡相都棄捨，那麼這就是好相。不論善惡相，一執，都是壞相。千萬不要說走到這邊「哎呀！這個佛像多漂亮」，就下車研究了八百年之後再走，那你早就死在那裡了，因為我們是要去菩提伽耶，不是到中間看到佛像就停在那裡的。所以一定要放下，然後走過去。這是打個比方，開悟的道理是一樣的。

在未到地定時，修數息觀的人會看到什麼？他會坐中不見手足或不見身體。修隨息觀的人會看到五臟六腑，修不淨觀會看到白骨等等相。還有一個特殊狀況，例如各位若修數息觀，但數息數到後來卻看到白骨相，你會搞不清楚，修數息怎麼看到白骨呢？這是宿習所學，你過去世修白骨觀，現在因為修數息觀就顯現那個境界，這叫「扶起宿學」，把過去所學扶起來。

從未到地定繼續修持一心專止就會進入初禪，初禪叫做離生喜樂，離開欲界的粗重進入色界。所以，初禪的喜樂是從身根而來，你進入初禪的時候，坐中不見手足，會在初禪時重新出現，為什麼呢？你坐中為什麼不見身體？這是因為我們在欲界就有欲界的報身。這時有個問題就是中陰，有些部派不承認有中陰，但是依實證的經驗來講，中陰是很多人共同的體驗，那中陰是什麼？我們在欲界的時候，要投胎的是欲界中陰，我們會變成欲界中的人是從欲界中陰而來，欲界中陰跟受精卵結合在一起，就成為我們這樣的人，欲界中的人。

當你修到未到地定的時候，欲界的中陰會消失，那中陰還在不在？中陰當然在啊！但是粗的沒有了，細的還看不到，因為你還沒有進入初禪，所以這時候，你會感到驚訝：「哎呀怎麼身體消失了！」但隨息法未到地定的狀況是：他的心會進入體內，所以心眼可以觀照到內臟。所以在修到初禪時，我們身體的五大地、水、火、風、空或講四大，是整個自身宇宙跟外在宇宙第一次的協調，我們在修學的時候就如《金光明經》說：「地、水二蛇，其性沈下；風、火二蛇，性輕上昇。」蛇是能量的意思，這時你的肉身是欲界的五蘊，欲界的五大。現在欲界的中陰沒有了，色界中陰起來了，你有色界中陰，將來你投胎就是到色界去。

當初禪中陰現起，初禪中陰也有地、水、火、風，跟你的地、水、火、風互相碰觸在一起，四乘以四有幾種變化？十六種變化。是哪十六種變化？地會碰到地、水、火、風，地就有四種感覺；水、火、風又各有四種感覺，共有十六種感覺。

基本上是以四種感覺為主，地的感覺是身體不動；水的感覺身體會涼；火的感覺身體會熱；風的感覺身體會動。所以你進入初禪的時候，風動先起，本來感覺坐中不見身影，忽然感覺到自身細胞如雲影一樣冉冉而動，叫動觸。但是現在很多練氣功或是其他功法，並不知道何謂禪定，就說身體動來動去叫做動觸，那是在動，是跟著動出，是很粗淺的身體氣動，不是動觸。初禪怎麼會動呢？初禪是細胞感覺到如雲如影地動，而不是身體動來動去，身體動來動去怎麼入定啊！但是有時候很麻煩呢，因為錯誤的講法，信的人很多。有人寫禪的書，寫得很暢銷，但其實並不是禪，面對這樣的狀況我們要時常深自反省。

我們的身體這樣冉冉而動，從動觸先起，接著有的講十六觸，有的講八觸，其實最主要是四觸，四觸是哪四觸？不動、涼、熱跟動。動觸為先，這個觸是怎麼來的？從身根而來。你肉體有地、水、火、風，四者加在一起就是觸感。所以支分神經傳達到中樞神經，所以，初禪有「覺」、「觀」、「喜樂」、「一心」；玄奘大師翻譯成「尋」、「伺」、「喜樂」、「一心」。「覺」是什麼？粗心曰覺。支分神經的感受傳達到中樞神經叫「觀」。一個是碰到了；一個是把碰到的感覺傳導到裡面去。

「覺」會產生什麼強烈的快感？喜；「觀」會產生細密的快樂叫樂。這就像我們在沙漠裡面三天沒有喝水，這時候喝到水是什麼樣的感覺？很甜！好好喝喔！什麼水？不知道，就是好喝，這是什麼？這是「覺」就是喜，其實最主要是好喝，怎麼好喝不知道。但喝了水止渴後再來喝，哦！這是法國礦泉水，這時候知道這叫樂，也就是「觀」。或者是餓了三天的肚子，人家拿給你饅頭，哎呀！好吃好吃！怎麼好吃根本說不上來，就是好吃嘛！觸感而已，沒有清楚的分別。之後餓了再吃，「哦！是很有名的光復饅頭」，這時才能分別，這就是「覺」跟「觀」的差異。

任何禪觀到最後會是什麼？這個大禪定到最後是一心，就是入於寂滅一心。一心之後再繼續修，有時候中間會叫中間定，例如初禪叫做有覺有觀三昧，中間定叫無覺有觀三昧，這是大梵天的禪。到二禪之後的部份我就不再細說請各位參看《坐禪的原理與方法》，有時間的話，可以再看《釋禪波羅蜜次第法門》。

證得初禪後，再來是欲捨一切諸分別觀，清淨內心，一無分別，從三昧生歡喜樂已證第二禪法中而行。初禪叫作「離生喜樂」，二禪叫什麼？「定生喜樂」。因為初禪是從外來，二禪是從定生，所以定是從意識而生，從內穿透出來，引發出來，但是它有一個問題，就像挖到泉水一樣，一開始這泉水衝出來，所以大喜湧動心。二禪之後再繼續修三禪，三禪是什麼？離喜大樂。因為喜，強力的喜會湧動你的心，喜樂來的時候很快樂，再來要保護這個喜，這時要用心就會很累，這個是不是過去心啊？

所以，世間禪法與出世間禪法的差別就在此，如果當喜樂來的時候，你當下放下放空，你就二禪證悟慧解脫，就是慧解脫的阿羅漢。如果沒有解脫，就繼續進入二禪、三禪，你把大喜湧動心破除，這大喜湧動心變成什麼？綿綿密密的樂，所以不要做粗動的動心，而是綿綿喜樂之三禪，所以三禪叫「離喜大樂」。但要你離開那麼快樂的境界，要把它去掉，超越它很困難，三禪是世間最大的快樂。所以不淨觀就沒有三禪，太快樂了沒辦法修不淨觀。三禪是那麼快樂，要保護一顆很漂亮的鑽石，要付出多少代價？

所以棄三禪要怎麼棄呢？具足不苦不樂，捨苦亦捨樂才能進入四禪，俱捨禪，苦樂皆捨，這時入四禪的話，呼吸會停止，所以菩薩修到四禪，菩薩具足什麼樣的境界呢？

明通具足的神通境界

菩薩修得四禪之後往下是什麼？會證得六種神通。第一個就是如意通，也叫神足通。這是什麼呢？我們看看經文——

爾時菩薩如是一心，清淨無垢，無障無翳，一切苦患悉皆除滅，調和柔軟可作諸業，已住決定。其夜初更，欲成身通，受於種種神通境界，所謂一身能作多身，復合多身還作一身，作一身已，於虛空中，上沒下出，下沒上出，隱顯自在，橫遍亦然。

這段經文講到神通的變幻莫測，可以一身變成好多身，好多身又合成一身。跟大家討論一個佛法觀念，任何的宗教都是一個本體化出化身對不對？不管是大梵化出化身，出生大地，道家一氣化三清，或是上帝造人等。佛法在這邊一身變成多身，這是什麼意思？例如王小明，他先化成A再化成B再化成C再化成D，共化出四個身，那王小明是本體對不對？那在佛法裡他可不可以化空？他可以化空喔，那他化空了之後，我（D）可不可以化出王小明？那到底我是王小明化的？還是王小明是我化的？

就像兩面鏡子互相照著，中間影像出現了，這無量的影像，到底是誰化誰，這是在佛法中的一個簡單的比喻，也就是佛法中的主體、客體盡是虛妄。因此，我請問各位這個宇宙有多少的生命啊？你要度盡多少個人成佛之後，這個宇宙才沒有生命啊？

再問一個問題，這個宇宙的生命是定量還是不定量？如果是定量的話，觀世音菩薩未免也吃太多飯了，他沒事化成千百億化身幹什麼，他千百億化身是真是假？一個生命是只有一個相對還是多個？所以你們看西藏的這些化身也很好玩，一個可以化成五個，這個合理嗎？或五個再化成一個，這合理嗎？我問你們十杯水加在一起叫做什麼？一杯水嘛！所以根本無水無可得，不一不異，宇宙中沒有定量這個事。故此如是滅度一切眾生，實無眾生得滅度者。我請問各位：當時間、空間是虛幻的時候，請問有決定的一或多嗎？但是若在因緣中，落在時空系統中，因緣果報是如如實實的，不要想遠了。所以這段經文說的是一身、多身，一身在虛空中現沒，神通自在。

再來菩薩證得宿命通、他心通又證得天眼通，那到最後證得什麼？漏盡通。「漏」是什麼？

就是煩惱。漏盡通就是沒有煩惱的神通，這個是最重要的，佛法就是要第六通漏盡通，沒有漏盡通，前面的神通很危險。我勸大家不要以毛試火，弄到最後白天人找你，晚上鬼找你，開車都不敢出門，晚上上廁所的時候，還得要先探頭看一看那邊有沒有鬼。

沒有空性的智慧，不要具有神通；沒有定力不要具有神通；沒有慈悲心不要具有神通，有時候這種事情是很特別的，記得一九八三年我在山上閉關，閉到最後有一點麻煩的事出現，山下很多人都看到我，但我在山上啊，然後山下發生很多事情我都知道。這時候我開始深切反省，這真是我的智慧不夠啊！請問大家我如果有這種能力，將來人家找我是為了佛法，還是叫我去抓鬼？說真的我心裡面充滿了恐懼，所以我就在佛前發願，除非六通同時具足，否則絕不起神通。所以說我沒有神通，但是我對神通很了解——沒有智慧，神通無用，只是累贅。但是佛要不要有神通呢？要！為什麼？因為他要廣度一切眾生，他一切能力都要具足，所以要六通具足。所以佛的通是什麼？是通達智慧的通，是智證通，不是普通的神通。佛法講三明六通，明是智慧，三明是宿命明、天眼明、跟漏盡明；六通是神足通、天眼通、天耳通、他心通、宿命通、漏盡明。

各位知道什麼是「明」？什麼是「通」嗎？簡單地說，「通」是看到這個現象，「明」是了解這個現象的緣起智慧。所以「明」是智慧，「通」只是看到，所以有「通」的人不一定有「明」，有「通」的人像什麼？有時候像摩登原始人，什麼叫摩登原始人呢？就是石器時代的人看到一輛車子在跑，他看到車子但他完全不知道車子是什麼東西，結果就跟別人說是有一個鐵盒子可以到處跑，因為他沒有這種知識，所以就做了很多推論，他看到是真的，但推論錯誤講出來的全部是錯的，這也就是現在社會上常出現的言論，他們看到的東西可能是真的，但卻可能講的推論全部是錯的，這種狀況千萬要很小心。那麼「明」是怎麼樣呢？「明」是看到這個現象之後，還知道它是怎麼回事。所以菩薩具足六通，他一分、一分地把所有的境界具足。

具足定力與智慧的功夫——神通

一般我在打禪的時候不會講經的，雖然也只能挑重點講，但是來到菩提伽耶總是要介紹佛陀怎麼成道的。那麼佛陀的神通是來自什麼？智慧。獲得神通的方式有幾種，一般是以定力為基礎所成，有時候是符咒咒術或外力所成，但這比較不是修證的功夫。基本上，神通是一種技術，但是到八地菩薩以上乃至佛陀，它是由智慧所成。他就是體悟，一切色即是空，空即是色。所以，智慧具足得如幻三昧，所以能現前大神通，這完全是般若。

我希望大家能夠獲得的是以般若為中心，以智慧為中心，以解脫為中心的，不要去孜孜矻矻，斤斤計較一種小技巧，沒有用的，神通敵不過業力啊！就如同神通第一的目犍連尊者，傳說他被尼乾子暗算。尼乾子就是耆那教，他們很怕目犍連，因為他神通第一，再來因為很多國王都是他的弟子，所以對他很忌憚。這麼忌憚該怎麼辦呢？用各種方法謀殺他，讓他完全不能反抗，於是就把他骨頭全部打碎，肉全部打碎。結果，這可憐的目犍連，他最好的兄弟舍利弗一看到目鍵連就說：「啊呀！目犍連尊者，你不是神通第一嗎，怎麼被打成這樣子？」你看兄弟之間講話多毒啊！（眾人笑）聽到這樣毒的話，目犍連還是很客氣地回答：「唉呀！舍利弗師兄啊！你不知道，我當時被業力所拘啊，被業力所困住了，結果我連『神』字都想不起來，哪裡想到『通』啊！」這代表什麼？代表這種神通隱含著強烈的技術，強烈的功夫。

但是我告訴大家，目犍連尊者雖然那時候忘記神通長的什麼樣子，但後來被打到不成樣就想起來了，接著最重要的問題來了，目犍連尊者他會忘記涅槃是長得什麼樣子嗎？不會。因為涅槃不是功夫，我問你們：金子要變成金子，需要什麼功夫？所以目犍連尊者的證量，他解脫的智慧是不需要去提起來的，因為他已經證得如此，所以境界就是如此，涅槃境界不失，雖然被打成肉醬還是解脫。所以各位要不要努力用功？要不要用各種功夫來修證成就？要！對不對？

如果你們以為解脫靠功夫，那就錯囉！假如我們在飛機上面拿起一杯茶來喝，忽然間飛機解體，你還沒想到的時候已經變成冰棒了，那時候你唸什麼佛，你的功夫再好沒有用啊！除非你隨時念念都在此，但是，如果你是具足一切放下的解脫聖者，雖然說這時候沒有用功夫，你是不是解脫者？還是的。所以境界跟功夫不同的，如果有人跟你說「唉呀！他碰到境界來了」「哎呀！我心力提不起來」，這是功夫話，這代表什麼？他沒有安住在那個境界。

各位有兩件事情要記得，第一我們要好好用功夫來修證，證量不是功夫，但是沒有好好修行不會證得。第二，你證得一定境界之後，要不要再努力去修持？我們要不斷地努力修持，功夫要不斷地紮實，但是我們不要執著功夫，要現起智慧，要現起慈悲。

講得更白話好了，就是時時地努力修證，但無一物可得。所以神秀大師講「身是菩提樹，心如明鏡台，時時勤拂拭，勿使惹塵埃」，六祖惠能說「菩提本無樹，明鏡亦非臺，本來無一物，何處惹塵埃」，那……那個小偷洪啟嵩怎麼講呢？偷來的哦！「身是菩提樹，心如明鏡台，本來無一物，何處惹塵埃」這不是小偷嗎？把他們兩個前後加起來，不是中道第一義嗎？

各位，功夫要紮實，但千萬不要執著功夫，功夫是一定要專心一意地用功，但是對你所有用功的事情千萬不要執著，這個是什麼？「用心覺，覺而無執，覺照當下，當下照覺。」覺是什麼？「恰恰用心時，恰恰無心用，無心恰恰用，常用恰恰無。」覺照，照覺，功夫所在就是如此，隨時清楚明白，不落入分別之心，這是照而默。隨時隨地心安於寂住，任何境界能夠觀照的清楚明白，這叫無我而照。各位！所有的功夫，磨來磨去就是在這裡面，你心裡面有疙瘩，要用功夫把它磨掉，磨到一絲一毫再也沾染不得，沾染不得後再把這個鏡子打破，這個時候怎麼樣？這個時候沒有怎麼樣了！謝謝大家！

肆 空生出色

Before the Enlightenment

戶外繞佛開示

入我我入的甚深光明觀想

清晨六點半，師領禪眾前往日本大乘教會館繞佛經行（大乘教會館特別封館二小時供大眾繞佛經行），因天氣寒冷，禪師依太陽、大佛因緣講述太陽融入己身，與佛入我身、我入佛身之法。

今天我們會在菩提伽耶日本大乘教會館花園的佛陀前，作繞佛的經行。這尊佛陀的手印，右手在上左手在下，是禪定印。其實從佛陀身型跟時代去劃分的話，剛出生時是一手指天一手指地，涅槃的時候是涅槃印，在鹿野苑的佛像就呈現轉法輪印。另外也有觸地印，觸地印是把右手心蓋住盤腿的右膝，將手指直垂向下，做觸地狀，為什麼要作觸地印呢？當魔王現身，向釋迦牟尼佛成佛挑戰的時候，佛陀觸地可說是降魔之舉，所以亦稱降魔印。另有一種意思是佛陀觸地，請堅牢地神現身證明佛陀成佛，佛陀要地神出來，於是魔軍潰散。此處的地神跟佛法的因緣很深，他守護佛陀成道，也證明佛陀成道，所以這地神是大菩薩的化現。

日本大乘會館的這尊大佛，是一塊一塊用印度的石頭砌起來的，兩側是佛陀的十大弟子，隨侍著佛陀。第一尊是阿難陀，阿難陀就是慶喜、歡喜的意思，是多聞第一，我們能夠聽聞佛法就是他的恩德。第二尊是舍利弗，智慧第一的弟子。還有富樓那，說法第一的弟子。接著是摩訶迦旃延、羅睺羅，那羅睺羅是誰呢？就是佛陀的兒子。接著是須菩提，也就是我們讀《金剛經》的須菩提，解空第一，象徵我們的智慧會超越一切，凌空飛翔等同佛智。再來是優婆離，優婆離是佛陀的理髮師，他在幫佛陀理髮的時候，佛陀教他呼吸細一點，他就入初禪，再細一點入二禪，再細一點入三禪，放下了就四禪了。再來是大迦葉，頭陀行第一。還有目犍連，是神通第一的弟子，他告訴我們神通敵不過業力。最後是阿那律，天眼第一的弟子。

各位，我們現在在哪呢？現在就在這裡了，你的腳下，現在在不在呢？當然在囉，你們安心下踏，就會感覺到大地的柔軟，承載一切眾物，心無分別的偉大菩薩心行，他不是一個神祇，而是菩薩的示現，這代表整個法界，整個大地，承載眾生之德，這樣的體現就是地藏菩薩。地藏菩薩誓眾生度盡，方證菩提，所以他要承載大家成佛，然後他成佛，現在的緣起真是吉祥。昨天我看到十四的月亮，也就是代表等覺最後身的月亮現起了，現在你們看看，太陽就在樹後隱隱向前，金光晃耀，那我們就乘著法性的日，法性的月，這是代表你的心。是我們心中法性的現起。

現在各位感受太陽的熱度，由火焰化成了蓮花，溫熱進入你的腳中，或是現在把陽光，這個太陽，放在你的腳上，變成你的千幅輪足，讓熱力在腳下增長。我們開始繞佛。

繞佛經行觀想心要

一月印度的戶外天氣寒冷，腳也寒冷，我們就借現在右手邊的太陽來修法，看看怎麼用太陽的因緣來療治我們的寒冷吧！

太陽每天都會看到，用世間的因緣去看它，它就是太陽，用信仰的立場看它就是太陽神，但是這些都不是佛法。有什麼不一樣呢？你的眼中的太陽和其它人眼中的太陽是一樣的，佛陀眼中的太陽是太陽，我們眼中的太陽是太陽，一般人眼中的太陽也是太陽，不一樣在哪裡？

當我們看到太陽的時候就執著有一個太陽，當解脫者看到太陽的時候，他知道太陽是空性，是空的，一個菩薩看到太陽，他知道因為是空的，所以有太陽，這是色即是空，空即是色。

好，現在我們知道色是空的，空出生了色，就如同後面這尊佛像，二十年前沒有，是空的，現在有了，所以空即是色，將來有一天，這尊佛像也會毀壞，也是色即是空，但這是用一般性的說法，用無常性的說法，其實究竟來說，所有的一切就是空，就是色，現空現色。

現在看看大地，讓大地變成太陽好不好？這太陽怎麼看它呢，像千百億日的光明，大家看過許多海底的影片，像馬爾地夫、帛琉，現在太陽從空中照下來，你們從海底往空中看去，是不是光明透過來，清清徹徹，明明白白。

各位，極樂世界要怎麼觀想？先觀想落日，狀如懸鼓，以前讀經典的時候不知道什麼叫狀如懸鼓，現在我們來印度就知道了，每一個夕陽都像懸鼓那麼大，這是先讓我們定心，而且落日就是一切光明聚合之處，這是一個因緣。

同樣的，地大觀要怎麼觀想呢？各位請想像這個大地就是透明的，就像千百億日的光明，就像在馬爾地夫、帛琉深海裡面，天上的陽光普照，無雲晴空普照，這樣透過來，那個就是極樂世界的大地，淨琉璃世界藥師佛的淨土也是如此，大地是清淨的，光明如同千百億日的光明，我們現在站立在釋迦牟尼佛的淨土，各位看看，一粒灰塵、垃圾乃至清淨的磚頭或是石塊，請問你把它看到最後，色即是空，哪一個不是光明的？哪一個不是一樣呢？所以事情都是一樣的，看你要用什麼心來看待這個事情，用瞋恨心來看待事情，每一個人都準備跟你鬥爭；用貪心看待事情的話，你每一個都想擁有；用愚痴看事情，每一件事情你怎麼想都不會想透的；但是用智慧的心看待一切事情，是樁樁件件你的心都沒有執著，用實相的心看待事情根本不必談有沒有執著，因為根本是無相不可得，你怎麼去執著它呢？這才是究竟。

《金剛經》說要怎麼修行呢？第一個要發心，發無上菩提心。第二個要修行無上菩提心的三摩地，也就是把你的心跟無上菩提心完全牢牢地定慧相連在一起，隨時隨地安住在無上菩提心，無上菩提心是什麼？一個是圓滿眾生成佛，第二個是莊嚴諸佛淨土，諸佛淨土有沒有莊嚴呢？現在就莊嚴它，你怎麼看它，它就顯現什麼樣貌給你看。第三個，當你的心亂掉了浮掉了飄掉的時候，你要讓你妄動、浮動的心回到菩提心，安住在無上菩提心，這是金剛經的三個修行階段——發心、修行、伏心。

所以各位在看大地就是像太陽一樣的明亮，千百億日，像水晶一樣透明，不會有對立，像彩虹一樣沒有實體，是空的，但是每一個點都互相光明遍照，相互照耀，所以這個世界就是毘盧遮那佛的世界，那你的腳呢，你的鞋子呢，你的襪子呢？也是如此啊，所以腳底冷了，請大家現在把太陽放在你的腳底吧，你的腳趾頭，你的湧泉穴，你的腳底全部是太陽，讓每一個細胞像太陽一樣明亮，這是世間的修行。這樣的觀想是有能量的，但還是不夠的。

第二個要讓它是沒有對立的，像水晶一樣透明。第三個它是空的，像彩虹一樣完全沒有實體，這是一種方便說，它就是空。第四個，它是平等的，就是遍照光明，每一點都相互照耀，你的腳底是這樣子，這時候你身體裡的寒氣是什麼呢？寒氣就是熱量，寒氣就是光明，你的腳底、骨頭都是太陽，整個腳踝是太陽，現在寒氣就讓他亮起來，熱起來。當然你們會說：「老師！我做不到！」下一句更好玩了，「老師那你做得到嗎？」對不起，我會教，我也做不到，但是能做到一些吧，這就是修行！你們有沒有發覺到很有用呢？要把它想清楚，從骨頭、骨髓裡面太陽的熱度透出來，從腳踝骨、膝蓋、腳筋骨、跨骨一直升上來。

各位，這是我最深的觀想方法教給你們，夠簡單夠平常夠生活化吧！不必跟我學十年二十年，不用，不必要這樣子，佛法是平常的，每一個人都有的，所以你們不是跟我學，是跟自己學，是跟佛陀學，我是虛幻的幻影。

太陽從腳升上來後，現在把太陽放到哪裡去呢？請放到肚子裡面，從丹田裡面熱起來，你的海底輪、臍輪、肚臍；你的心輪、喉輪、眉心輪、頂輪都是太陽。現在把肩胛骨放下來，把下巴收回去，從喉嚨沿著太陽穴上來，大概在你髮髻線八指處，這個才是身體從喉嚨線上來的中心點——頂髻，現在把太陽升到頂髻。

大頂髻上面有一個無見頂相，這個地方是什麼呢？密教說要往生極樂世界從這個地方去，自古以來，聖者成聖，一個從頂輪，一個從心輪，但是現在講的大部份從頂輪，所以你可以從髮際八指處往生極樂世界，不是四指處，四指處是往生天界，很多人說開頂，頂上開了不一定去極樂世界，不然敲一個洞就可以了，所以是心的問題。

所以大白傘蓋佛母的光明就是這樣的無見頂光明，現在我們用這樣的觀想方法把太陽放在眉心輪裡面，這光明在你的身周這樣落下來，這就是項光，這就是大白傘蓋，就是佛頂光，這些現象都是在表達你的智慧，但你如果只是光明的話，例如一般的天神都有光明，這是神光，不是慧光，為什麼？沒有空，所以不執著而顯現的就是慧光。

現在佛陀越來越亮了，各位剛剛有沒有看到兩隻小鳥跑到佛陀的頂上？那個地方就是無見頂相的地方。現在，讓光照進來，跟你合而為一，光明照進你的毛孔，你的身體越放空，空到完全透明讓光透進去，透到你的細胞、骨髓，你的身體裡面去，完全透明，這樣你們就知道什麼是光在光中行走，身體化成光在光中行走，所以隨順這樣的因緣，跟大家講這樣的方法。佛法的觀想是以空性出生，以不執著來圓滿，所以相無有執著叫作無相。

現在我們瞻仰這佛像，觀想這佛像的身、語、意進入你自己的身、語、意，這叫「入我」；想像我們的身、語、意也就是佛的身、語、意，這是「我入」，所以佛像跟你就像兩面鏡子互相照耀一樣，都是空的，不要一觀想就執著了，完全空的。我們跟隨這樣的觀想方法，這佛像不是石頭的佛像，而是釋迦牟尼佛顯現在此，他的身體就進入你的身體，所以你的身體就變成釋迦牟尼佛了。清淨的呼吸是光明的，他的語言也是光明的，跟你的身體相應不二，所以你的語言就是佛陀的語言，你的呼吸就是佛陀的呼吸。

佛陀的智慧進入你的智慧當中，你完全放空，如同用水注入水中，用空注入空中，光明注入光明當中，無二無別的，你的心就是佛心，現在你就是釋迦牟尼佛，但是你不執著，因為你不執著，你這釋迦牟尼佛的身就進入釋迦牟尼佛的身，同體無二，就像鏡子照著鏡子一樣，你的呼吸跟佛的呼吸，與十方諸佛同一鼻孔呼吸，你的呼吸就跟佛的呼吸一樣，完全是光明的呼吸，智慧的呼吸；你的語言是光明之語，智慧之語。

你跟佛陀同體無二，你的心意就是智慧的心意，完全是釋迦牟尼佛的心意，現在進入釋迦牟尼佛的心中，所以釋迦牟尼佛是你，你就是釋迦牟尼佛，兩者平等無二。

坐後開示

定在慧中
慧在定中

禪眾於日本大乘教會館大殿坐禪。

打坐後的按摩有利於定力增加

早上我們在戶外經行，最怕風寒侵入，不管是去爬山或在郊外，如果感覺到突然有一種冷侵入，打寒顫的時候，就趕快搓熱身體、關節，想像右手是太陽，左手是月亮，相互搓熱到最深層的地方，搓進去，搓到你的骨頭裡面，多搓幾下，這樣你的氣血就通暢了！特別提一下，像頸椎大椎這些地方，因為我們長期緊張壓縮，或是像風寒侵入此處，氣上不來導致頭昏腦脹、氣血停滯、血壓升高，而大椎這裡又是身體的交叉樞紐，當我們受了風寒，大椎附近的骨頭就僵硬、肌肉僵緊、心肺功能降低，同時免疫系統也降低了，這時腦就不能為五臟六腑做正當的調整，所以五大就失調了！

所以各位要常做這個動作，做得好的話，馬上會流汗，汗流出來，風寒就解除了！甚至風寒時可拿吹風機熱熱地吹大椎骨，吹到會熱會燙，如果已經嚴重感冒了，效果可能沒那麼好，但仍會有效果，但在剛得感冒與風寒時，熱風吹大椎骨是有可能克服的！

打坐後將手搓熱按摩身體是很好的療癒動作，熱氣上來會幫助定力增加，定力好有利入定，亦有利出定。入定最好的時機是年輕的時候，他的定力會很深，年紀大了腦神經反應會較遲緩，氣血不清楚。真正入定的人，定如處子，動如脫兔。例如經行時動作減慢，但我的手在做等速的運動，這右手很慢地動，左手反方向地動，你們看不出來我的五個指頭都是在轉，眼睛入定，嘴巴剛剛講話，身體的每一個動作，修行人來講他是可以分隔清楚的，當然也可以在定中說話，所以真正入定的人定動一如，這叫「慢速定行」。

這是為何達摩祖師當初到嵩山少林寺時要大家運動，他不是為了教大家打拳法，他不是武術家，但是當然能教出很好的武術，教大家運動是因為發現僧侶們身體太疲累了，坐禪時都在打瞌睡。所以要入定的話，平常身體要健康，只是打坐，可能氣血循環會不好，營養不夠好，腦神經反應遲緩，這不是入定，入定的人腦神經反應很快，因為他有力有定，定是力，定是覺。

我再講清楚一點，為什麼有些人入定出不了定，當然我們可能會認為「我可以入定那已是不得了」，但是入定出不了定，其實是定力太差，平常健康不夠好，或是你的定力不夠深細，不夠自在，是因為定進去的時候你不覺，覺同時要具備很多條件，你腦神經要好，血液循環要很好。當然也有些狀況是定力、慧力很好，但是身體不好，他的功夫已經超過身體的限制，除了這種人之外，一般來講健康好會幫助你定力的增廣，所以說你在入定的時候有沒有覺察到你入定了？你沒有辦法覺察到入定的話，定在覺先，定進去了，覺在後面跑，你就被定拖著走了，在這種狀況的時候，你要把自己從定中叫起來，所以說「定慧等持」，定的時候定即覺，定的時候慧在定中；起念要動，動的時候定在慧中。所以動的時候定，定的時候覺；默而照，照而默，覺照一如。

生其心時實無所住

永嘉玄覺說惺惺而寂寂，寂寂而惺惺，惺惺是清清楚楚、明明白白，寂寂就是寂滅，所以惺惺亂想非，如果你不清楚胡思亂想那就是世間眾生，寂寂昏沉非，所以要「寂寂惺惺，惺惺寂寂」，默而照，照而默，默照一如。現在教各位的不就是如此嗎？我把所有的方法法門化繁為簡，簡而又簡，一切放下，把八萬四千法門存乎一心，一心何者，一心覺也，為何而覺？因為不執著！

所以《金剛經》要你「應無所住而生其心」，這個心要無所住，但很多人困在不會無所住，因為無所住而弄得很緊張！因為想著如何無所住，就不能無所住了！被無所住所執！六祖惠能大師在這裡有無念法門的大方便，「生其心時應無所住」，念念起不被念念所縛，很多人牆壁上寫「無住生心」，那是寫給大家看的，可能自己是有住生心，所以應無所住而生其心，你們應該體驗到的是：生其心時，實無所住，念念起不被念念所縛，心無住就是智慧，智慧的人不是拿著智慧的眼鏡看東西，不是的，智慧的人是觀看一切現空才是智慧，這叫做「境了而智生，智生而境了」，這是雙對，東壁打倒西壁。

所以偉大的濟公禪師，他走的時候寫了一首偈頌：「六十年來狼藉，東壁打倒西壁，於今收拾歸來，依然水連天碧。」有無雙打，東壁打倒西壁，放下一切了，一切水連天碧，法身遍滿。現在各位知道功夫的細處，我跟大家講的都是，細之又細的功夫，密之又密的功夫，這功夫是要人絕對地放下，所以說，身體要養好，功夫做好，開悟之後，覺悟之後，身還是好的，不然別人都以為覺悟的人都跑去入涅槃了，這很奇怪嘛！（眾人笑）

還有另外一個，各位天氣冷感覺腳底寒的話，請大家仔仔細細地用手指按摩，仔仔細細地搓它，想像手是太陽，把指節指末的關節轉動放鬆，如果裡面有寒氣會硬硬的，現在把它開鬆，把寒氣逼出來，拇指的地方可以用指頭按一按。太陽入太陽，月亮入月亮，光明入光明。

希望各位把這些方法記起來後把它們結合起來，我不能規定你們一天要吃幾碗飯，有些人希望我能規定他們一天能吃幾粒米，這是你們要自己決定的，我只是把深義拿給各位，你們衣服要縫成什麼樣子什麼顏色，各自隨意，黑有黑的漂亮，白有白的漂亮，每一個人啊都是各自釋義，我只是告訴大家本性而已。那麼，今天很歡喜！很吉祥！我們起來禮佛，真心禮謝釋迦牟尼佛。

上午開示

要降伏的難道是外在的魔嗎？佛陀成道啟示

師領禪眾參訪不丹皇家寺院，大眾於大殿坐禪。

自悟自心釋迦

心呢，是跟著變化走了，還是把你的心打開，心如明鏡一樣，讓這樣的話語，進入到你的心裡面；或是說，你如同佛陀一樣，從兜率天化成白象降生，你將來成道可能是同樣的因緣，在摩訶耶夫人的肚子裡面，度過了你的投胎生命。你的母親就是摩訶耶夫人，你就是悉達多太子。在樹下誕生，走七步，一手指天，一手指地，說「天上天下，大家全尊」不是唯我獨尊而已，每一個人都是佛陀，要成就每一個人都是佛陀。

這是我們的人生，一個佛的成長過程，我們努力地學習，鍛鍊身體，每一個時代都有每一個時代的學習因緣，在原始時代，在佛陀時代，在現代。

我們是智慧覺性的王子，是法性之子，毘盧遮那佛或是佛陀的覺性種子就在你的心中，所以是覺性之子，你的心就是不壞的金剛，就是不壞的覺性，所以在你學習世間智能的過程中，同時自心是不是覺醒的？這覺醒的一念，應用到你的六根，我們現在看它，不要被拉走了，而是做最深層的反觀自照。

所以我們看到悉達多太子的四門遊觀，看見世間生、老、病、死的無常我們反觀自照，思維我如何超越，如何救度這一切苦難的眾生。所以說大出離，你向前走出去，走到哪裡去呢？是你的心要超越，不是外相的超越，所以割除你的煩惱，剪髮是割除你的煩惱，決定出離，決定成就，決定圓滿，決定廣度眾生。

這樣的佛陀降生兜率乃至成道的過程，也許各位還未聽過這樣的介紹，這是自悟自心釋迦，比去拜百千釋迦重要，佛法即是如此，自心求法。

佛是誰

這尊佛像是菩提伽耶不丹寺的主尊：蓮花生大士（不丹皇家寺院殿中主尊），西藏密教的始祖。他最重要的師父叫做師利辛哈，師利是吉祥，辛哈是獅子，師利辛哈是蓮花生大士最重要的大圓滿上師，中國人，是來自五臺山北宗禪的禪師，蓮花生大士在古金洲學得大圓滿法，也就是緬甸、印度跟雲南的交界處，這個地方不斷有佛法產生，比西藏早很多，所以在這個地方，來自中國的上師教導蓮花生大士最甚深的禪法，就是大圓滿法。

大圓滿法是什麼？是看一切眾生都是佛，看一切世界都是淨土。

所以蓮花生大士是誰？你要從蓮花中出生，就是你自心的不壞本心，就如同菩薩他的自心，他斷除煩惱，他的本心光明就顯露了，所以說要成為正覺的如來，正覺的佛。

而這一尊四臂觀音，代表你本具的慈悲心，也就是「唵嘛呢叭咪吽」六字大明咒。「唵」是歸命，「嘛呢」是摩尼寶珠，「叭咪」是蓮花，皈命清淨的本具之心，皈命清淨的蓮花寶珠，「吽」是你的自心，破除一切的煩惱障礙的大悲，這是為何在西藏有忿怒尊，忿怒尊是我們悲心的一種呈現方式，悲忿眾生未成佛，悲心沒有空性的話，憤怒就會變成世間的忿怒，就是瞋恨，在身體的呈現就會是高血壓。所以這個悲，這個忿，是大悲空忿，空跟悲不二。

觀世音菩薩就是你蓮花的本心，就是蓮花手，這四臂觀音，喚醒你本心本具的智慧，生起你本具的慈悲，你從如來的心裡面，大悲的心風吹起，你就是觀自在，你的心就是觀世音的慈悲心，你斷除了煩惱，現在在此苦行。不斷地苦行是沒有意義的，佛陀六年苦行就是跟大家證明：苦行沒有意義，那佛陀為什麼要苦行呢？因為他要跟你證明。六年的苦行讓他在不斷地實踐裡，找到各種錯誤，所有錯誤的方法都丟棄了，你的煩惱全部丟棄了，結果像一顆寶石上面的雜染全部被清除了，現在清清淨淨的寶石就現起了。

佛陀苦行時，整個身體枯萎了，皮包著骨，甚至全身都快變成綠色了，這時候完全的雜染都消失了，現在他受到牧羊女的供養，在菩提樹下成佛。所以大家要好好吃飯，飯要吃得好，吃不好飯、睡不好覺，就很難修行。

佛陀成道的時候，魔軍不斷攻擊，引誘他，各式各樣的魔王為了不要他脫離掌控，所以要控制他，但是各位，這魔王難道是外在魔王嗎？是的，是外在魔王，那外在魔王難道不是自心的魔王嗎？就是你的七情六慾用魔王的形式來展現，現在你們的心何在呢？你們心慈悲就是觀音，你們心智慧就是文殊菩薩；你們的心安住正覺就是如來，所以密教所有的壇城，所有的相，都是你本心的顯現，你每一個心輪都是佛菩薩的顯現。當你的意念是不好的就變成魔，五蘊的魔，煩惱的魔；當你把這些魔斷掉了，變成慈悲跟智慧，那就變成菩薩。

所有的壇城就是你的心，每一個本尊就是你的念頭，每一個本尊都是你的功德，你的作用，你的慈悲心、智慧心就化成諸佛菩薩、五方佛，化成所有本尊，這些壇城就是你自心的顯現，自心的作用，自心的功用。

所以佛陀他最後成就了，觸地、降魔、證明了我是無上正覺者，但是佛陀開悟了，成佛之前一定要開悟。請問一下：開悟的時候，有開悟的人嗎？佛如果自認是佛的話他就不是佛了！因為佛是覺者，覺者是開悟，開悟的話，佛會認為有一個佛在嗎？他如果認為有一個佛在的話，就是用定法見佛，《金剛經》說「若以色見我，以音聲求我，是人行邪道，不能見如來。」所以各位要見自心佛，不能用色求，不能用聲求，對吧？但是你們卻總想要見到外佛（如來），是嗎？經文已經說你要見你的自心佛不能用色、聲去求，但你看到佛，外面還有一個佛，你的心跟他相對，不就有兩個佛嗎？所以外佛內佛同具，所以開悟之前要開悟，因為有無明，無明破了之後無我、無無我。

開悟是解開誤會

「我」是為什麼來的？因為有無明煩惱，那連我都不可得，怎麼會有無我呢？所以開悟就是解除了煩惱。因此開悟這兩個字，我常常寫誤會的誤，「開誤」，解開誤會，沒事了，我們千辛萬苦就是要解開誤會，沒有解開誤會之前千辛萬苦，解開誤會之後什麼事也沒有，原來也沒有事，所以開悟的佛沒有執著他是佛，所以開悟之後也沒有開悟這事了。無無明，當然沒有無無明盡，所以這就是正覺佛。觸地，地神現前證明；降伏諸魔，降伏什麼魔？降伏自己的心。

所以正覺佛是要做事的，很多人說既然沒有事情就什麼事都不要做了，你怎麼會做一件「什麼事都不要做」的事呢？所以隨緣如如實實地教化，轉法輪、度眾生、現神變、降伏一切，到最後究竟涅槃。涅槃了，佛有涅槃不涅槃的事嗎？

所以各位，佛涅槃了，佛涅槃了嗎？佛在何處？涅槃佛自在心中。注意一下涅槃是什麼意思？涅槃是開悟的意思，所以佛陀開悟的時候已經涅槃了，佛陀圓寂時是盤涅槃，是連肉身也入滅了，所以是大般涅槃。有兩種生命會入涅槃，不再受生，第一種是阿羅漢，阿羅漢沒有中陰身，第二種是佛陀沒有中陰身，他不受後有。菩薩會留惑潤生，會為了度眾生的緣故，從大悲心風吹起如來的心，以大悲的心念，智慧的金剛心念來受生度眾。

所以佛涅槃了嗎？無生哪有滅？所以開悟現成，現成圓滿，我們今天在這個殿堂裡，就把這些偉大的莊嚴安置在自心裡面，然後不執著，放下，讓它自在地現成。

極慢經行導引

菩提薩埵們
來把糾結散掉

師領禪眾步行至正覺大塔坐禪、經行。

我們今天在佛陀的身中、心中經行，在光明之海中經行，身心放鬆放下，在光明大海裡，整個身心完全放鬆放空，變成光明而空寂，明空不二。

身體像楊柳一樣，像氣球一樣，像水母一樣，用燈光透照，全部透了，全部亮了，全部化光了，每一點互相遍照。

整個自身與宇宙，自己的心與釋迦牟尼的心，自己的身與釋迦牟尼的身，同體不二，都變成法的光。

來，法界動了，智慧的風，大智海湧動了，推動你的身體，飄飄地向前走，一步一步慢慢地走，慢慢地走，安步、自在、歡喜、如意。

但不要隨歡喜如意去了，念念清楚，念念自在，念念放下，念念覺，念念空，每一步都是清楚明白的。

每一個人都在走著自己的步，每一步都是走在光明裡面，只有自己身心性命所能達到的境界，這麼一步踏下去走出去，自自在在，沒有雜染，光光明明，通通透透的。

來，身心，讓他更加地寂靜，放鬆，心靈靈明明，活活潑潑的，就像水銀瀉地粒粒成圓，心是活，活得妙，妙能轉，不停滯，念，現觀現覺而沒有黏滯，現照現明而全體放下。

這時候，心自在婉轉的，就讓他放慢二分之一，心更清楚，更明白，更有力，更活潑，更慢，更自在，呼吸放下。
時間、空間，讓整個世界，讓整個世界動轉慢下二分之一，
身體就這麼自然地從內到外通通透透地慢二分之一下來。
地球因為你而慢二分之一，時間、空間、宇宙都慢了二分之一，雖然你慢二分之一，
但是速度感覺完全一樣，而速度是確確實實地慢下來了，
心更清楚更明白，心更親切，世界更溫柔，腳步更統一，腳不是腳，踏在大地，
跟大地融合的，說是腳吧，說是大地吧，所以在走路啊，清清楚楚地慢下二分之一。

來，再繼續慢，腳後跟放下，腳掌腳趾頭，放得更下，跟大地統一而放下，
再放慢二分之一，身體輕到具有不可思議的能量，柔到完全沒有東西能阻礙，
心念光明清境，一切現觀現覺，清清楚楚，明明白白的，卻又沒有一絲一毫被黏滯，
不要太去追想，未來的心還沒有到，不要去想像，現在的心，念念不住，念念放下，
也不用去執著，過去的心不可得，現在的心不可得，未來的心不可得，就是這樣，
正好，清楚明白，覺觀自在。

身體走慢二分之一，心念，就這麼慢，
你的念頭就像水中的氣泡，就像在魚缸裡面把氣泡放慢，這念頭就像氣泡一樣，

一個念頭起來，啵！一個念頭起來，啵！
念頭是空的，所以，它起來的時候，你很清楚看到，如果不是空的，它就不會起來，
它起來了，消滅了，滅了是無滅，來的是無生，
一個念頭一個念頭清清楚楚明明白白地看著，起來，滅了，起滅是不二的，
但是就是這麼清楚明白，就是這樣過去心不可得，現在心不可得，未來心不可得，
卻是這樣清楚明白。

安心地走著，心專注，心放下，身專注，身放下，放下而清楚覺觀自在，
心自在專注覺觀，不被外境紛擾所困，現在，看看你的自在能力，放下。
心沒有分別，卻那麼清楚，不掉入無明，不掉入不覺，不落入分別，
清楚自在，自在清楚，不被身障礙。
息放下，心自在，放下一切，連能放下的也要放下，覺察一切，把能覺察的全部放下。

現在，用你最大的力量，把你所有的力量都拿出來，
把步伐放慢，如何慢得自在，慢得輕鬆，慢得有力，
每一個慢，每一個動作都是柔滑順暢，心念轉的是平等周圓，清清楚楚，
心念慢，身慢，呼吸放下，讓大地宇宙替你呼吸，整個世界也放下來，

就是空，在空中走路；水，在水中走路；光明，在光中走路；無我，在無我中走路。

上半身像坐在屁股的上面，跨坐下，腳後跟放下，腳指放下，腳指頭放下，
五臟六腑肌肉筋骨都放下、放空。
用最大的力量，慢得自在，慢得清楚，慢得明白，心頭要放下來，要放心，不要提心吊膽，
心放下，頭也放下，頭放到你的肚子，放到大腿去，
讓煩惱就這麼，咚！沒了，咚！煩惱沒了，本來就不可得。

每一步更慢，一步一步慢下來，讓身心，就像落葉歸根一樣，
你的生命完全休息，停下來，一步步地更慢，更慢，
走七步，在七步的時候，讓身體歸根了，放下了，
你的身體可以站著、可以飄落下來，就像水母，輕輕地放了下來，
你的心就像雪花飄過大地一樣，陽光一照，融入了大地，遠離我、你、他的分別。

身心寂靜自在，七步，放下，自在，
汝於法界的體性，光明的自性，無我、無我所，一切不可得，就是這麼覺照，
但是沒有能覺照的人、覺照的對象、覺照的事情，只是清楚明白，自在婉轉，七步，

自己數，自己走，自己掌握，自己自在，自己作主。

身何在呢？在磬上，在我手上，在你的耳朵上，還是在你的心上，聽到磬聲完全止息後，心啟動，讓輕風吹動念頭、吹動念頭。

坐著一百人，或者就這樣說吧，坐著一百佛，起身了，人，活過來了。

成了佛該怎麼做呢！我看可能要走路，來，輕輕鬆鬆跨出去，心專注、放鬆、自在、明白，如來！

無始劫來的所有煩惱都已經脫盡，煩惱不可得，當然智慧就不可得了，無明眾生不可得，當然佛也就不可得了，清清明明自自在在的，歡歡喜喜覺覺悟悟的，不要落入歡喜障，「人生到處知何似，應似飛鴻踏雪泥，泥上偶然留指爪，鴻飛那復計東西」，千里送君終須一別，陪著你們走，但走的是你們自己，走好，自在地走，走得自在，不放逸，專注、自在、放下、覺察、不亂、安心、定明，大家在一起真是難得，走得好步啊！散得好步啊！

經行的好佛，活得好好的，好好地活，當個如來，如來也不可得。

尾閭骨放下，如金剛杵放下，大腿的肌肉，內側肌肉放鬆，步伐自然的鬆鬆的跨大，自在勇猛，步伐踏得大了，心也寬了，人也活了，走得也有力了。

人生，過得愜意、自在，隨適安心現空明白不可得，如是圓滿，步伐跨大，跨大不要用力，
而是放鬆的，步伐跨大你的呼吸自然就沉下去了，放到地底了，
身體像楊柳飄風，自在而行，手不要碰到別人但可以擺大一點喔，
肩膀肩胛骨都鬆開，手自然也鬆了，好舒服，
這是散步的好時間，散散心，來把糾結散掉，煩惱散掉，心散掉，如同雪花飄落地，
太陽一來，無蹤跡，如如來，如如去，是什麼好東西呢？
來，如如來，如如去，真好。好，不要被好黏住，就不太好囉，莫黏莫滯，就是這麼的好。

走，自在，一步自在踏出生死，一步自在迴落紅塵渡眾生，
是觀自在菩薩，是行深般波若波羅蜜多時，是照見五蘊等皆空，是能度一切苦厄，
是色不異空、空不異色，
各位，色就是空，空就是色，受、想、行、識，乃至法界一切，與空無二，空能生萬法，
無無明也無無明盡，
於是你們這些菩提薩埵們，心中沒有任何纖毫的障礙，沒有任何的罣礙，沒有罣礙的緣故，
心中自在，遠離顛倒夢想，
於是，究竟的開悟涅槃了，涅槃如何，三世諸佛，以般若波羅蜜多故，得無上正等正覺。
無上正等正覺是什麼？就是這一步安穩自在地走出去。

夜間開示

佛法一味
話頭中自有默照

夜間回到世界華僧朝聖會館禪堂，聆聽禪師開示。

大家晚安，今天好像周遊列國，去了好多地方，去了兩個日本寺院、不丹皇家寺院，介紹佛陀降生兜率乃至成道的過程，也提到蓮花生大士的故事，他是西藏密教的始祖，但即使是西藏人也很少聽過這個故事，我曾寫了一部《蓮花生大士全傳》，一百萬字，最早用的是「蓮花持明」的筆名，很多人說我參考西藏的資料，其實不是的，我參考了中國唐書還有很多史冊，還參考了印度學的資料，總共參考了五百本以上的書籍才寫出這部書。西藏人應該把它翻成藏文，因為很多資訊過去他們並不知道，例如我發現了古代的金洲。且蓮花生大士的師父吉祥師子是北宗禪的禪師，但是我找遍了所有唐代禪宗的禪師，還沒有辦法確定他是誰，因為有很多人沒有留下紀錄，但可以確定的是，吉祥師子是跟五台山有關的北宗禪禪師，而且是留學印度的。

佛法宗派的因緣千萬重

所以中國佛教是怎麼來的？我們常說它是印度的爸爸和中亞細亞絲路的媽媽生的。白馬傳經的竺法蘭是哪裡人呢？中亞細亞的人。鳩摩羅什是哪裡人呢？西域人。中國的佛教，大概源自印度、陸路經過絲路、海路從廣州過來。達摩祖師從哪裡來？達摩祖師是香至國三王子，香至國是在哪裡不確定，但是出海口應該是在馬德拉斯，他從馬德拉斯（現名為清奈，印度東南部的城市）坐船到廣州。

現在印度的聖地，摩訶菩提協會是佔有最重要的位置，而摩訶菩提寺是印度教和佛教共管。目前印度的史蹟如何校定呢？大部份是依據玄奘大師的《大唐西域記》，因為印度的史籍很多都銷毀了，雖然還是會有不同的主張，但是主要考古還是依據《大唐西域記》。所以玄奘大師是偉大的歷史學家、佛學家，更是偉大的修行人、宗教家，同時也是一位偉大的地理學家，他有很精確地記錄。

如果將來有機會，將達摩祖師從馬德拉斯乘船到廣州這條路走一次不是很好嗎？我一輩子都在想這些事，但這種事想多了會比窮光蛋更窮（眾人笑），不過人生這樣很有意思！還有一條路線，是從印度、緬甸到雲南，這是一條古路線，雲南的大黑天廟很有名，一般人以為雲南的大黑天廟是從西藏過去的，錯了，它是在東漢時期，也就是公元一開始就存在了，而西藏佛教是七世紀開始的，所以雲南的嗎哈嘎拉比西藏的嗎哈嘎拉早六、七百年，所以奧里薩、緬甸這些地方就是古金洲，這是密教的中心，大圓滿法跟這些地點有關係。

西藏佛教可以說是「印度爸爸」和「中國媽媽」生的。早期的西藏佛教翻譯了很多中國的經典，像西藏的《楞嚴經》是從中國翻譯過去的，不是從梵文翻的，現在梵文找不到，所以有些人說楞嚴經是偽經；另外有些人說：明明西藏有翻，怎麼會是偽經？那是因為他們以為西藏本是從梵文翻的，不過西藏的楞嚴經確實是從中國翻譯過去的，這些事很有趣。

我當時為什麼要寫《蓮花生大士全傳》呢？因為在我看起來佛法是一味的，我不是密教徒，我是佛教徒。我修學受用的是什麼？我開始是修禪宗，從臨濟禪裡面得到入處，後來修默照禪，所以禪跟我有緣，那密法我當然能了解，因為密法是佛法，但是我的思想主要的根據是來自於佛陀、龍樹菩薩，所以更準確地說，我是比較接近中觀的行人，以大般若為中心，但因為我受過的訓練是禪宗，所以我很能了解禪法的美妙，我認為太好用了，中國禪宗確實有高妙之處。

三種妄念止息的定心禪法

像毗婆奢那是泛指一切的「觀」，中國的止觀大師就是天台宗的開創者智者大師，他用「止觀」兩個字含藏一切的禪法，奢摩他是「止」，「止」名制止，心把它「止」起來，有三種「止」法，一種是「繫緣守境止」，它是繫一緣守一境，例如你觀太陽觀月亮、觀水晶球、觀香，這些都是守境，繫緣是繫於身的一個緣，最主要是以身體中心為主，所以修鼻端、守心輪、守眉心、守髮際、守丹田，守掌心，那為什麼要守一境呢？因為你不能守左肩，這樣左邊會歪斜，所以要守中間線，這個是「止」。從心輪以上的「止」只能短暫地觀，不然氣上揚容易高血壓，所以有些人以為紅光滿面是練得很好，其實是高血壓，氣血上湧，所以長久練習的話要往下觀，因此經行的時候要各位觀足心，這也是繫緣守境止的一種。

第二種叫「制心止」，即妄念起時就把它制止，這叫「制心止」。第三種叫「體真止」，即體悟實相自然不亂，悟真而自止，所以前面兩種止法不能開悟，只能定心。而佛法特別重視「觀」，那「觀」是什麼呢？是泛指一切的觀法，現在很多南傳的禪法說是內觀禪法，內觀禪法其實主要是四念處為主，它收攝各種禪法，身、受、心、法。

解脫出離與菩提大願

所以在我看來所有的禪觀都是一如的，都是統一的，差別在哪裡？你以自解脫為中心來修禪觀叫做自解脫的禪法，一般來講叫做小乘，我現在不大喜歡用「小乘」這兩個字，這是一種方便說法而已，因為「小乘」是貶低的話，就是小車子，而「大乘」是大車子。所以我在美國時，有些禪修中心請「小乘」的禪師去指導，有些人就有意見，說為什麼請小乘的？我學的是大乘佛法！其實很多大乘是坐公共汽車，你看到旁觀的蓮花跑車就說「你是小車子」，可是別人的小車子可能比你的大車還要貴，當然這只是一個比喻，所以要心存尊敬。

菩薩是很尊敬這些阿羅漢的，有些法會向阿羅漢請問，但是這兩個發心不同，所以功德也不同，小乘是以自解脫為中心，大乘是以他解脫為中心，悲心為中心，很多人說小乘的聖者不幫助別人，不是的。小乘的聖者那麼慈悲，怎麼會不幫助別人呢？但是當幫助別人的動作妨礙到自己的解脫時，這就是要考慮；或是小乘聖者入涅槃後可能選擇不再來投胎。

所以大小乘的差別在哪裡呢？是發心的問題。以悲為重心，寧願度眾生，也不願入涅槃，以悲為中心的禪法，是大乘的禪法。那請問，大乘的菩薩要不要學四念處？要啊！哪有什麼小乘大乘？那大乘菩薩學的四念處是小乘還是大乘的？佛法是一貫的，就像練拳都要扎馬步，不可能有派別說「這扎馬步太基本了，我功夫太高了，不扎馬步」，那一腳就被踢走了！在此簡單和大家說明一下。

十二因緣的生死流轉

今天我感覺緣起實在很好，我們本來在外面打坐太涼，所以就安排到日本寺的釋迦堂，結果坐得很好，所以我們去日本寺的禪堂坐是什麼意思呢？表示將來我們會跟日本有緣，而且是從菩提伽耶開始，再到不丹，在我看起來佛法就是一味的，佛法既然是一味的，我們就先來看《佛本行集經》十二因緣的經文——

「爾時，菩薩說此偈已，復更思惟：『此老病死，從何而來？何因緣有此老病死？』菩薩如是思惟念時，知老病死因生故有，此老病死，以有生故，老病死隨。菩薩復更思惟：『此生從何而有？何因緣故？得有是生？』菩薩如是思惟念已，知因有故故有是生。菩薩復更思惟：『此有從何而有？何因緣故得有此有？』菩薩如是思惟念已，知因取故故有是有。菩薩復更思惟：『是取從何而有？何因緣故得有是取？』菩薩如是思惟念已，知因愛故故有是取。

菩薩復更思惟：『是愛從何而有？何因緣故得有是愛？』菩薩如是思惟念已，知因受故故有是愛。菩薩復更思惟：『此受從何而有？何因緣故得有此受？』菩薩如是思惟念已，知因觸故故有此受。菩薩復更思惟：『是觸從何而有？何因緣故得有是觸？』菩薩如是思惟念已，知因六入故有此觸。菩薩復更如是思惟：『此之六入從何而有？何因緣故有此六入？』菩薩如是思惟念已，知因名色故有六入。菩薩復更如是思惟：『此之名色何因緣有？從何而生？』菩薩如是思惟念已，知因於識故有名色。菩薩復更如是思惟：『此之識者何因緣有？從何而生？』菩薩如是思惟念已，知因諸行故有此識。菩薩復更如是思惟：『此之諸行何因緣有，從何而生？』菩薩如是思惟念已，知因無明故有諸行。」

「爾時，菩薩說此偈已，復更思惟：『此老病死，從何而來？何因緣有此老病死？』菩薩如是思惟念時，知老病死因生故有，此老病死，以有生故，老病死隨。」老病死從何而來？老病死從生而來，生從何來？生是從存有，存有才有生，這叫有，所以「菩薩復更思惟：『此生從何而有？何因緣故？得有是生？』菩薩如是思惟念已，知因有故故有是生。」

接下來，「菩薩復更思惟：『此有從何而有？何因緣故得有此有？』菩薩如是思惟念已，知因取故故有是有。菩薩復更思惟：『是取從何而有？何因緣故得有是取？』菩薩如是思惟念已，知因愛故故有是取。」

有從何來？有，是你去執取它，你執取就會產生有，為什麼會執取？執取是因為愛，愛是什麼？分別心。愛字是什麼意思呢？不要以為喜歡叫愛，請問不喜歡就不叫愛嗎？你很討厭他是什麼意思？就是你很愛討厭他！所以分別有三種，第一個，你很喜歡，第二個，你不喜歡，第三個，你沒有感覺，請問一下，你沒有感覺這是不是分別心？你沒有覺，這怎麼可能？你體性是覺怎麼會沒有覺？所以愛、恨、無記這三個都是愛，都是分別心，我們最常有的是愛恨交加，然後常常故意不理他，所以執取就有愛、恨、無記。

那生命，你為什麼會取？我喜歡這個，就抓取，例如我喜歡這部跑車，但買不起，就變我討厭這跑車，就恨跑車了，這常有的。所以喜歡不來就恨，恨不過去就變成我沒有看到，其實心裡面就是在這裡，這就是分別心造成的三種現象，其實一切心行都在此，你喜歡是有，你不喜歡是不是有？不喜歡有沒有感覺？有。那你沒有感覺是不是有？有，有一個感覺就是沒有感覺。

有一個定叫「無所有處定」，你感覺什麼都沒有，到底有沒有感覺？有「什麼都沒有」的感覺，這就是分別心。所以說覺，當下的覺，覺的當下要放下，放下而覺，覺而放下，這同時現起，這才是你體性中事，這才是般若，所以般若是什麼？境界了而智慧生起，智慧生起而境界了，所以境了而智生，智生而境了，這是同時的。所以你體悟無有所得，這時候你心外境不可得，你心沒有執著，所以沒有執著心就是止，般若就是不執著任何東西，所以《金剛經》說「應無所住而生其心」、「無有少法可得」，這兩個是同時具足的。

「菩薩復更思惟：『是愛從何而有？何因緣故得有是愛？』菩薩如是思惟念已，知因受故有是愛。」

所以因愛故有是取，因為愛有分別心，愛從何來？有受故有愛，有受所以有愛，有感受而有愛，所以我們要怎麼修行？要覺而不受。覺而不受，例如叫你們經行，覺而不受名為現觀，現觀就是開悟，很簡單對不對？覺而不受。但是太簡單了，所以太難了。

「菩薩復更思惟：『此受從何而有？何因緣故得有此受？』菩薩如是思惟念已，知因觸故故有此受。」

所以受從何而來？受是觸而有此受，所以你是觸還是覺？所以眼睛、六根會觸，你的觸是跑去觸人家呢？還是放下讓境界進來？所以六根要都攝，所以你們對六根都攝有沒有更清楚？六根要都攝回來，不要時刻準備去觸東西，你們看小朋友看到東西時的眼神，一看，眼根就開始去抓東西了，所以一開始就是無明分別心在作用了，所以一直作用，就會把身心的六根都弄得很緊張，所以久了眼睛就凸出來了，耳朵、鼻子、六根的作用就開始鈍化。

「菩薩復更思惟：『是觸從何而有？何因緣故得有是觸？』菩薩如是思惟念已，知因六入故有此觸。」

所以觸因何而有？有六入。有六根有作用了，如果無明在作意，這六根就會去觸，如果不是無明作意，則六根齊收，這叫六根清淨。在佛法裡面有兩套系統的修法，一套是六根的修法，一套是身、語、意。六根不執著外相，就是六根清淨，《普賢觀經》法華系統即是這樣修的，六根要不執，所以根不執，不去觸境產生識，而是根放下無所得，讓境無所住，這叫做「轉識成智」。

「菩薩復更如是思惟：『此之六入從何而有？何因緣故有此六入？』菩薩如是思惟念已，知因名色故有六入。」

那麼六入從哪裡來？有名色，「名」是精神，「色」是物質，受精卵觸到中陰五蘊，就有名色，所以欲界中陰有五蘊：色、受、想、行、識；色界中陰有五蘊：色、受、想、行、識；無色界中陰有四蘊：受、想、行、識，名色是投胎而有。

「菩薩復更如是思惟：『此之名色何因緣有？從何而生？』菩薩如是思惟念已，知因於識故有名色。」為什麼有名色呢？是因為有識，意識，意識就形成自我。

「菩薩復更如是思惟：『此之識者何因緣有？從何而生？』菩薩如是思惟念已，知因諸行故有此識。」為什麼有意識呢？意識是因為有生命的執著意志叫作「行」，生命的自我保護裝置，那為什麼會做這種分別的行呢？是因為無明。

「菩薩復更如是思惟：『此之諸行何因緣有，從何而生？』菩薩如是思惟念已，知因無明故有諸行。」這裡請問大家一個問題，大家常聽到「我執」，是「我」在先還是「執」在先？答案是「執」在先。什麼是無明？無明就是分別心，什麼是無始無明呢？本來沒有時間、空間的分別，無始無明，無始一念，所以這無明，沒有明，這叫分別。這一念分別，本來沒有時間、空間，就在時空裡面打一個結，在心上打一個結，這是無明。無明造成一個現象，無明它分內外，說裡面是內，外面是外，但是無明的「行」它是先進到哪裡呢？

我們的眼睛先見到自己還是先見到別人？一定是見到別人！請問各位同學：「你坐在哪裡？」（眾人答：老師前面）那一定是有我，你們才會說坐在我的前面。那為什麼我坐在「這裡」，因為是有「那裡」才有「這裡」，沒有空間東西南北，我怎麼會坐在「這裡」？那我「什麼時候」坐在這裡？現在。沒有過去、未來，會有現在嗎？

這是很有趣的世界，時空的軸線是這樣出現的，你會發覺到你看到的其實是跟你比較統一的，但是你跟它打架，如果你們現在全部面對外面，這個東西裡面有什麼東西？裡面沒有東西，但一定有人說這是「我」，這裡就開始執行保護裝置了，所以無明緣「行」，它負責跟外面打架，跟外面打架以後有很多經驗，千瘡百孔，就把它藏在裡面說這是「我」。

我執、執我、執我執

這個「我」是從哪裡來的？這個「我」是綁架來的，它不是「我」，而是被「行」、被生命意志綁住以後有我，所以執著在先，這個「行」就是執著，無明一定產生執著，那執著去綁架一個「我」，故說「我」是被綁架來的！所以叫執「我」，執「我執」，既然你去搶了一個兒子回來，你自然就千依百順，兒子要什麼就是什麼，所以「執」就跑到「我」裡面去，就變我執。

因此「我」、「執」合成一體，但你這兒子是搶來的，雖然後來合成一體，但一開始他倆就不大對味，所以有本初的裂痕，一開始就是不對，因為你跟世界是比較接近的，你跟自己是比較疏離的，不然為什麼你先看到外面？而且你透過外面來認識自己，一隻小鴨子眼睛睜看到你，牠把你當媽，或是小時候把你丟到狼群裡面，會認為自己是狼，又譬如說我是男人，我什麼時候知道的？我一生下來就知道我是男人嗎？我一生下來就知道我是人嗎？所以都是騙人的，「我是人」是騙人的！

所以我執裡面參雜很多東西，解鈴還需繫鈴人，本來沒事的，那怎麼辦呢？要解結，這叫解縛煩惱，你只要心微細地產生一點結，你們看任何東西，像血管裡某個比較濃稠的地方開始形成積聚，結上加結，那自我就開始產生墮性，從心開始產生物質，從物質產生種種現象，和山河大地產生對立。

一九八三年我在別毛山上閉關，當時打坐以默照為主，最主要參照的是《華嚴經》，經行的時候是持《藥師咒》，有一天我持《藥師咒》持到最後，我整個人倒下去了，整個身心統一，這時候發生一件很奇特的事情，忽然之間，我變成不是我，山河大地變成我，這個（師指自己）不是我，山河大地念《藥師咒》給這個不是我的我聽，本來是我在持誦咒語，怎麼變成反向呢？後來我在《楞嚴經》中體悟到，在修證過程裡面，會使堅固的我執產生動搖，無明緣行，行緣識會反觀回去，會反解回去，十二因緣也是同樣的道理，從此之後我不會跟我過不去！各位會不會跟自己過不去呢？

我們每天都跟自己過不去，有一個從生到死、從死到生跟你最親近的人，但是你最不喜歡他，人家罵你你就修理他，人家罵你你心情不好，心情不好修理誰？是你自己。你很高興的時候去大吃大喝一頓修理他，你傷心的時候也修理他。

人世間很多事情，因緣實難掌握，但是你的心說是「你的」也不是「你的」，但至少你的心你能夠自主、放下、放空。說一個小故事，古龍有一部小說滿有趣的，有一個很厲害的俠客，功夫劍法了得，是最有名的高手，為人正直、有錢，又是大俠，什麼都很好，有一天他被栽贓，說他殺了人，結果因為他太有名了，又是正直的俠客，所以他也不能逃，像一般人什麼都沒有還能一逃了之，但是他不行，真的是倒霉透頂，做好事還被栽贓，結果捕快就逮捕他，帶著他走，但一路上大俠都笑嘻嘻的，捕快就問他：「你怎麼這麼高興？」那個俠客就說：「這世界上有我這麼倒霉的人嗎？」捕快說沒有，大俠說：「既然沒有，我不對自己好一點怎麼可以！」

所以當自己不順利的時候，對自己好一點吧！已經夠倒霉了，人家打你一拳，你卻打自己八十八拳，人們常常是這樣子的。我記得我發生車禍的時候，被車子拖了一百多公尺，還沒到醫院的時候就七孔流血，大家都說這個人大概沒救了，醒過來之後看到好多人看著我，我就開始講笑話了，大家想像那個畫面，一個眼睛腫得快要看不見又七孔流血的人，身邊圍著一群人，原本很悲傷後來竟笑成一團，變成很歡樂的聚會！但其實我的腹腔積血，血壓卻是到達飽和程度，正常，大概平常打坐氣太強了，醫生看我說說笑笑以為我沒事了，一天之後才緊急開刀。有一天護士很關心我，就問我：「洪先生，你會不會很痛苦？」這問題把我問倒了，我說：「我很痛，但是不會苦，痛是生理現象，苦是心理現象。我很痛，但是我很快樂。」痛是很痛，但還是快樂，不然怎麼辦？痛我沒辦法控制，樂可以吧？所以各位要對自己好一點。

所以十二因緣，要斷生死，要怎麼辦？要斷「有」，一直斷，斷到無明，所以無明斷，這兩個變成從無明漩渦流下來，就是輪迴的過程，往回走就是還淨的過程，所以各位如何斷無明，踏下你的腳步，覺而不受，觸而不執，遠離愛取，這時候六根放下，六根都攝，身心——色、聲、香、味、觸、法；五蘊——色、受、想、行、識，照見五蘊皆空，識要轉識成智，如何轉識成智？要覺知一切平等，所以不會分別你我，自我保護過度，所以要自愛，不要自戀，自愛要放下，要對自己慈悲同時對他人慈悲，平等大慈、平等大悲，這時候斷無明，這一步就是如來之步。

所以各位的這一步有沒有十二因緣？有沒有苦、集、滅、道？所以得破十二因緣，悟苦、集、滅、道，證得究竟。接下來我們再看一段經文——

「是時婆伽婆即生智見，成阿耨多羅三藐三菩提。而有偈說：

『是夜四分三已過，餘後一分明將現，

眾類行不皆未動，是時大聖無上尊，

眾苦滅已得菩提，即名世間一切智。』

「爾時，婆伽婆得智見時，於此世間，梵宮魔宮，天人沙門，及婆羅門，世皆大明。小鐵圍山并大鐵圍，其間從來恒常黑暗，未曾見光；此之日月，如是大德，如是光明，如是威力，遂不能令彼處光明照曜顯赫。今者自然皆大開朗，悉覩光明，其間所有一切眾生，各各相見，各各相知，各各相語：『此處亦復有眾生乎？此處亦復有眾生乎？』」

所以「是時婆伽婆即生智見，成阿耨多羅三藐三菩提。」婆伽婆就是世尊。這裡提一下佛陀指導優婆離入禪定的故事，優婆離是佛陀的理髮匠，他持戒第一，很尊敬佛陀，他幫佛陀剪頭髮時非常專注，佛陀教他呼吸細一點，他就入了初禪；再細一點，入二禪；再細一點，入三禪；放下，四禪，呼吸停止，佛陀就有這種威力。以下再回到經典。

接著佛陀說此偈：「是夜四分三已過，餘後一分明將現，眾類行不皆未動，是時大聖無上尊，眾苦滅已得菩提，即名世間一切智。」

「爾時，婆伽婆得智見時，於此世間，梵宮魔宮，天人沙門，及婆羅門，世皆大明。小鐵圍山并大鐵圍，其間從來恒常黑暗，未曾見光；此之日月，如是大德，如是光明，如是威力，遂不能令彼處光明照曜顯赫。今者自然皆大開朗，悉覩光明，其間所有一切眾生，各各相見，各各相知，各各相語：『此處亦復有眾生乎？此處亦復有眾生乎？』」所以就如此成佛了，那你們成佛了嗎？

如何修行？如何解脫？如何見光明？你們身體裡面一切諸蟲，你們身體裡面一切煩惱，是不是恆處黑暗呢？你們心中有沒有黑暗角落？你們開悟的時候是不是一切皆見光明？如果你們心見光明，整個宇宙，你視為自身的同體，一切眾生都同等成佛，不管是魔或是阿鼻地獄的眾生，在佛眼中是佛，只是他們恆處虛幻的遊戲。

所以請問各位：一個人、一個生命如果處在虛幻當中，請問他見虛幻為真或假？如同一個人在惡夢當中，他視惡夢為真或假？什麼是阿鼻地獄？就是永遠不能停止的惡夢，時間無間、空間無間、受苦無間，什麼是時間無間？受苦不斷。什麼是空間無間？整個裡面就是一個人在受苦，什麼是受苦無間？比如說你自己刨烙而死，業風一吹又活過來，那些惡鬼惡卒其實不過是你的心的慚愧、所做的罪惡、所生的恐懼所變現的，所以各位，現在就醒過來吧！

話頭默照一味

這幾天教給大家的是默照禪，默照禪是誰建構的呢？宏智正覺和大慧宗杲，這兩個人是同一時期的人，兩個人是好朋友，但是大慧宗杲一天到晚在罵宏智正覺，說宏智正覺是「默照邪禪」，好朋友之間這樣直言也很過癮吧！這兩個人我認為是中國禪宗最後的兩位偉大大師，從此之後中國禪宗已入於因循，重複過去的禪法。當然各位會說還是有很多大師，例如妙樹來果禪師、虛雲大師，不是都很了不起嗎？是很了不起，但是在法門上並沒有創出開拓性的境界，這兩位確實是真的了不起，他們的禪法影響深遠，現今禪宗的修行方法大概都以這兩位為主。

話頭是屬於臨濟禪，臨濟禪屬於臨濟宗，是屬於南嶽懷讓禪師、馬祖道一禪師這一系下來的；默照是屬於曹洞禪，默照禪屬於曹洞宗，是洞山禪師這一系傳下來的，屬於石頭希遷、青原行思。而這兩系都是六祖惠能傳下來的。那話頭禪有時候就說默照禪是在鬼窟裡做活計，開悟的冷水泡石頭；默照禪就說話頭禪你們還在作功夫，不知道本來現成。在我眼中，這兩個是一味的。

二〇〇六年我在紐約主持禪七的時候，聖嚴師父也在紐約，我去見他，因為我是他的弟子，一定要去見他。那時候師父的身體不是很好，他老人家為了弘法，辛苦了，他是搏命演出，洗腎了還飛過去，這是為了法，去美國之前的時間他在台灣，人已進加護病房，出院以後，又馬上募款，講到這眼淚都會掉下來，弘法和傳法是很難的。我那時去見他，師父看到我的第一句話說：「師父老了，要死囉。」說我們都不去看他，對不起，這是徒弟不乖不好。師父又說：「你有五六十歲了吧！」我說：「師父我沒那麼老吧！」

他又問我是不是接了密教的傳承？可能是有人這樣告訴師父的吧！我懂密教，但是我何必接受密教的傳承呢？我跟師父說：「師父給我一隻眼睛，我從來也不瞎，為什麼要去接其它傳承？」根本不需要，對我來說有沒有接傳承只是個閒葛藤。其實師父聽了很高興，他又問我：「在傳禪的時候用什麼方法教禪呢？」我說我教話頭，有時候也用默照，師父有一點疑惑地看著我說：「我只教過你話頭禪啊，我又沒有教你默照！」我說：「師父啊，話頭裡面有默照的。」師父一聽，耶！滿意啦，徒弟這句話夠本啦！

話頭裡面有默照的，默照裡面有話頭，所以我的說法不就是把話頭和默照合在一起了嗎？他們兩個百年來打的架在我看來根本是一場後人的糊塗帳，跟他們無關，開悟還管你默照還是話頭嗎？難道說你四念處的開悟不行、十二因緣的開悟不行，四諦的開悟不行，那什麼的開悟才行啊？修這個法成佛不行，哪有這種事情！

開悟這個「悟」會讓人產生幻覺，所以我比較喜歡用開「誤」，解開誤會，因為悟境是一樣的，哪有什麼不一樣？阿羅漢有些是臉黃黃的，有些是臉白白的，有些是臉紅紅的，但他們都是阿羅漢，佛有時候臉紅紅的，有時候臉金金的，是金色身，但是阿閦佛是藍色，也是佛，所以悟境古往今來都是一樣的。

所以我後來寫了一個偈頌「師著隻眼，從來不瞎，柴米油鹽，勞師指瑕。」意思就是師父給我一隻眼睛之後我從來不瞎，那什麼是「柴米油鹽，勞師指瑕」呢？我送給師父弟子的拙著《禪觀秘要》，這是因為師父的恩德才能體悟這些，那就是柴米油鹽。馬祖道一的師父南嶽懷讓禪師想說這個徒弟出去教那麼久了，不知道他教得到底好不好、對不對，就派個人去考試，問馬祖說你現在怎麼樣？馬祖就說自從三十年前一場胡亂之後，到現在也沒有欠柴米油鹽，我沒有欠醬菜吃。所以柴米油鹽是什麼？不欠。

所以法無一法，只有心法，方便有多門，悟處在自心，千萬不要弄錯了。我自己是數息得利，一直到後來參話頭、學默照。這次教你們的方法是默照，尤其在海外，在印度這個環境，所以我功夫不會用緊，而是用很細，所以用默照為多，講這些是要讓大家心中明白要怎麼用功夫。

何謂默照

接下來看〈坐禪箴〉，這是你們用心處，什麼是默照禪在這裡面講得清楚——

《宏智禪師廣錄》〈坐禪箴〉

佛佛要機，祖祖機要。
不觸事而知，不對緣而照。
不觸事而知，其知自微。
不對緣而照，其照自妙。
其知自微，曾無分別之思。
其照自妙，曾無毫忽之兆。
曾無分別之思，其知無偶而奇。
曾無毫忽之兆，其照無取而了。

水清徹底兮，魚行遲遲。
空闊莫涯兮，鳥飛杳杳。

「佛佛要機，祖祖機要。」這佛祖的心要，這要門是怎麼樣？「不觸事而知，不對緣而照。」所以知是不去觸這事，這個照不對一個緣來照，所以說「不觸事而知，其知自微。不對緣而照，其照自妙。」你不觸事而知，這個「微」字、「妙」字是什麼呢？就是話頭，這個講法各位大約沒聽過，但是我想宏智正覺大師也會同意。

宏智正覺大師是一個很特別的人，他二十三歲大悟，所以他二十幾歲就天下聞名，並且掌天下的大叢林首座，那首座裡面開悟的沒有三百個也有兩百個，修行都很厲害的，都是老劍仙，看了一個小孩子過來幹什麼？首座就是首席教授，校長旁邊那個，就是輔佐禪師，那些五六十歲的老人家都是開悟幾十年，看不起他，開始還挑戰他，但是後來每個人都心服口服，後來他三十幾歲就辭了首座要去普陀山朝禮觀音，在南海浙江，他要從寧波出海，那邊有一個很有名的寺院叫作天童寺，這是禪宗很有名的寺院，這個寺院太重要了，希望有一天帶大家去那裡打禪！天童寺當時剛好沒有住持，沒想到宏智正覺一到景德鎮，大家聽到宏智正覺來了，馬上準備請他當住持，宏智正覺聽到這個消息要偷偷溜走，結果被全鎮的人圍在山上不准走，你們看過這種情形嗎？（眾人笑）

鳩摩羅什的情況也很妙，一個國家為他打仗，這邊搶過來那邊搶過去！阿難尊者要入滅的時候也不得閒，東岸說如果你到西岸涅槃我就攻打西岸，西岸說如果你到東岸涅槃我就攻打東岸，兩個國家為他打架，阿難尊者沒辦法，只好走到恆河中間，踴身空中，身體火化，分成兩份，所以這叫「阿難半身塔」，現在毗舍離那個地方還有，另一邊已經沒有遺跡。連死都不能好好安靜，還要分成兩邊！

回到宏智正覺大師，他被村人包圍，只好去當住持，那是天童寺中心之處。當時正逢金人侵漢，各寺院都謝遣雲遊之人，獨正覺禪師來者不拒，他說：「明日寇至，寺將一空，即今幸其尚為我有，可不與眾共之乎。」這是悲心透髓，所以天童寺以前住眾不滿二百人，正覺禪師住山之後，四方學者，爭先來集，數逾一千二百人，本來兩百人變一千兩百人，那飯怎麼吃呢？沒飯了，知事以道糧將盡相告，師云：「人各有口，非汝憂也。」言未訖而即有喜禾錢氏航米千斛來寺之訊傳到。馬上有米來了，師住山期，更為新建寺屋，幾達千間。這就是宏智正覺禪師了不起的境界。

所以「不觸事而知，不對緣而照」，各位記得，這個「微」、這個「妙」就是話頭之處，所以憑什麼默照裡面沒有話頭？所謂默照，這邊的功夫要講深一點，或者說是講得更「平常」一點，參話頭時，在念頭上下之際，將話頭參到究竟處、參到話頭之前，即在話頭還未上來就察覺。要參就要開悟，而這個悟處就是默照，那麼話頭在否？所以話頭是參，臨濟講參，請問各位，念佛是誰？無——。

無參到念頭之前，參到止境，參到究竟處……

請問話頭是不是「不觸事而知，不對緣而照」？所以臨濟宗人如果只是把話頭當作功夫下手就看不到個真處，功夫用了，功夫在否？不用功夫。無事處！所以話頭的無事處，正是默照，默照的功夫處正是話頭，那你參默照、用默照，你不知道默照是現前如是，默是全體放下，照是全體作用，全體作用默在照中，全體放下照在默中，所以定慧等持，如燈光一開，燈的光，光的照，是一是二？慧如光，定如燈，燈、光同時。

若沒有這個體認，僅是把默照當作方法、當作功夫，那這功夫你還落在兩邊，這個是默照的證得，還是要把這個打破，來找到這個話頭。

所以「不觸事而知，其知自微。」這「微」是話頭之處，起心動念未起，念未動之先，那是話頭處。宏智正覺禪師就是有一個地方讓大家很生氣，因為隨手拈來都那麼好聽，文章那麼好，你說生不生氣！（眾笑）好話他唱起來特別好聽，等一下各位越看越生氣，這是開玩笑的，他實在寫得太好了，因為他的心境本來就是真善美處。

回到「其知自微，曾無分別之思。」這個知是不對事的知，不觸事的知，「曾無分別之思」，沒有分別心，「其照自妙，曾無毫忽之兆。」妙是什麼妙呢？曾無毫忽之兆，完全無蹤跡可得，「曾無分別之思。」這個思是什麼？沒有相對性，所以「曾無分別之思，其知無偶而奇。」，「無偶」沒有分別心沒有對立，「而奇」所以燦然獨顯，燦然獨清，燦然獨明，為什麼？體性用處一切放下，燦然獨明，不是對待處，什麼是對待處？非三輪，所以三輪體空，什麼是三輪呢？佛教講的三輪就是能——主體、所——客體加上介面，所以我供養你，供養的東西加上我、加上你，這樣就是三輪，這三輪是空的，所以「其知無偶而奇」這個「知」沒有數量、分別，「其照無取而了」這個「照」因為毫無蹤跡，所以無取而了。「其知無偶而奇」，是照在默中，「其照無取而了」是默在照中，照，因為無取，所以體性寂滅，所以照而默，默而照，寂照一如。

所以我教各位的經行不也是如此嗎？磨來磨去講來講去，其實都在講廢話，這些話是告訴你們迴照本心，我只是在指著月亮，東指西指南指北指，只是為了搏取你們注意讓各位看到而已。你們看到月亮以後，我的話重要嗎？我的話不重要，連這個人也不重要，這個人是幻，當你們開悟之後老師就消失囉，不重要了，你們的悟境才重要，所以「其照無取而了」。

後面這兩句就是禪宗的表現方式了，這個境界像什麼？「水清徹底兮，魚行遲遲。空闊莫涯兮，鳥飛杳杳。」水清徹見底，魚看得多麼清楚明瞭，「空闊莫涯兮，鳥飛杳杳。」多麼空曠獨一，所以濟公禪師的偈頌「六十年來狼藉，東壁打倒西壁。於今收拾歸來，依舊水連天碧。」六十年來一片狼藉，這狼藉是渾成一味，所以東壁打倒西壁，有無雙打，這正是佛法在講的核心。

《六祖壇經》最後有動用三十六對，這是六祖教授如何當禪師，有來無對，所以有無雙打，對境全消，就兩個打了，就沒了，色以空對。所以三科三十六對，什麼是三科？五蘊、十二入、十八界，也就是以我們自身整個，由自身五蘊身心，然後外攝到一切世界一切法界一切諸法，用三十六種來作代表，但其實是無量對。所以禪師的手段是：你有來他以無對，無不是有一個無，無是要破你的有，讓你有無雙消，結果你悟入現成，悟入「水清徹底兮，魚行遲遲。空闊莫涯兮，鳥飛杳杳。」漂亮吧！你們經行有沒有這樣子？左腳踏下去水清徹底兮，魚行遲遲來咬我們的腳，這不是很有趣嗎？空闊莫涯兮，鳥飛杳杳，鳥糞掉下來了（眾笑），這禪師的手段就是如此，生命多麼有趣，多麼自在，有趣的時候你一直把它「有趣」了，黏著，就沒有趣了，所以「空闊莫涯兮，鳥飛杳杳」，這禪者的手段是這樣的。

默照的方法

這裡再講一則，宏智正覺禪師的語錄，讓大家的體會更深刻——

《宏智禪師廣錄》摘錄

田地虛曠，是從來本所有者。當在淨治揩磨，去諸妄緣幻習，自到清白圜明之處，空空無像，卓卓不倚。唯廓照本真，遺外境界，所以道：「了了見無一物。」箇田地是生滅不到，淵源澄照之底，能發光能出應。歷歷諸塵，枵然無所偶，見聞之妙，超彼聲色，一切處用無痕鑑無礙，自然心心法法，相與平出。古人道：「無心體得無心道，體得無心道也休。」進可寺丞，意清坐默。游入環中之妙，是須恁麼參究。

「田地虛曠，是從來本所有者。」本然現成，要怎麼做？「當在淨治揩磨，去諸妄緣幻習，自到清白圓明之處，空空無像，卓卓不倚。」所以各位打坐是如此，經行是如此，吃飯是如此，睡覺是如此。就是要你們「本來所有者」，吃飯時吃飯，不胡思亂想，就會淨治揩磨，去諸妄緣幻習。例如你們走路的時候，這隻腳走得好高興喔，就被高興抓走了，或是走得很慢，忽然間睡著了，這就是不覺，好多人都這樣，因為你們走的時候，心一慢，就被慢跑掉了，你們心不覺就會這樣，有一點無明輕昏，就跑走了，這時候覺不夠，覺要提起來，但有時候覺提起來又開始胡思亂想，這時候要放下，要微調。或者是在境界出來時反而被境界抓走，覺得「哎呀好舒服喔！」一踏下去被黏住了，不會動了，這些都要放下，要怎麼做？放下一切，一切放下，所有能放下的也要放下。

所謂放下，是放下到沒有可以放下的，那沒有可以放下的怎麼辦？放下！這樣子夠自由了吧，所以我以前的名片叫作「自由者」，人家問什麼是自由者？自由者就是自由者啊，我總不能寫涅槃者吧，這樣太吹牛了，所以自由者不是趨向自由嗎？怎麼自由？放下！放下。

所以各位功夫要做到，一切放下，這個「體」要好好作、作到最後，在這個過程裡要好好地磨，磨什麼？去諸妄緣幻習，你們走路的時候有很多妄緣、幻習，或是作的時候有境界現起，妄緣幻習到最後空空無相，卓卓不倚，一點相都沾不得，這時候卓卓不倚，不必依靠任何東西，這個境界方為自由處，去來也自由，走來走去，這時候可以走來走去，為什麼走來，為什麼走去？這不是無明嗎？為什麼走來？無所從來就這樣走來，這叫如來對不對？為什麼走去？如是而去，無所從去，所以走來不走來，走去不走去，無所從來無所從去，如中行來如中行去，所以總名為走來走去，不是如此嗎？

功夫要做到細，做到密，做到一點點都摸不著，摸不透，就像鏡子磨到最後變成奈米化，灰塵沾不得，這時候就不要再拿著鏡子「喔我有一面鏡子」，這樣就變成神秀大師說的「身是菩提樹，心如明鏡台，時時勤拂拭，勿使惹塵埃」，這還是拿著鏡子的，但其實「本來無一物」啊！又「何處惹塵埃」呢？

「唯廓照本真，遺外境界，」迴光返照，廓照本真，這不是參究個話頭嗎？「所以道：了了見無一物」，注意一下，了了見，才能無一物，一定要是了了見，才能無一物，「箇田地是生滅不到，淵源澄照之底，能發光能出應。」田地指的是佛性，本來就在那裡，不生不滅的。注意一下，如果此處一鈍下去、掉下去，掉到無用禪，掉到死禪，掉到冷水泡石頭，就萬年不開悟，就沒有用了，所以真空自有妙用在。但「妙用」這兩個字易產生誤會，其實叫作真空自有妙用，妙用是什麼？「箇田地是生滅不到，淵源澄照之底，」這時候反轉頭來，扭轉鼻頭，扭轉鼻頭會怎麼樣？「咋——」一直在叫，一直在叫「悟了沒有？」鼻頭一扭轉，能發光能出應，這時候有大作用。「歷歷諸塵，枵然無所偶。」應對一切諸塵世界，不會相對，不再對立，所以這是自在處，不相對就是自在處，「見聞之妙，超彼聲色，」這是默照的宗旨，見聞的妙處，見超於色，聞超於聲，如果見只是見色，那不是默照功夫，所以見超色，耳超聲，所以見聞之妙，超彼聲色，一切處用，所以妙用無窮，所以起不了妙用就不是默照禪，就沒有參到默照的話頭。

「一切處用無痕鑑無礙，自然心心法法，相與平出。」一切自在無礙，叫做事事無礙，這時候自然心心法法，我們是心心法法交錯而輪迴，心跟法一抓了、交錯了，就輪迴了，就產生意識，現在心心法法相與平出，清清楚楚地顯現，但是絕對不黏不滯，自自在在的，出自在、入自在，這就是海印三昧。「無心體得無心道，體得無心道也休。」各位啊！不要執道，道是誰家的閒家具？沒事不用道，沒事用的時候就是道。「進可寺丞，意清坐默。游入環中之妙，是須恁麼參究。」

今天跟各位說兩段《宏智禪師廣錄》的摘錄，一個是主旨，一個是方法，讓各位在行、住、坐、臥間更能自自在在地走來走去，謝謝大家。

伍

樂是苦因

Before
the Enlightenment

上午開示

大精進者如何面對因緣無常

前一晚印度開始下雨，原定早晨於尼連禪河苦行林參禪無法前往，遂整日於禪堂內參禪。

任何事情發生都有它的因緣，但事情還沒有發生前都有改善的空間，所以說佛陀是一個大精進者，他精進在什麼地方？過去心不可得，現在心不可得，未來心不可得，佛陀是個大福德者，他是隨時隨地創造福德而沒有執著。

有一天佛陀的弟子阿那律眼睛瞎了，為什麼瞎了呢？他因為有一天聽經時打瞌睡，被佛陀呵責了，所以他就很精進七天不睡覺，把眼睛弄壞了，雖然眼睛壞了，但是卻得到天眼。佛法講五眼——肉眼、天眼、慧眼、法眼、佛眼。肉眼是我們肉根所成的眼；天眼能觀近，能觀遠，能觀細，能觀大，這兩者是我們功能性的眼睛。那後面三個眼睛是什麼？都是智慧。慧眼是什麼？你看到任何事情都不執著而能解脫就叫慧眼。若你看到任何事情都不只自解脫，而且具足解脫知見，能幫助眾生解說這一切的法，叫法眼。當你具足一切智智，一切說法自在無礙，一切處能透徹一切實相叫佛眼。

雖然阿那律肉眼已壞，天眼能觀他方世界、種種世界，但當他要縫衣服時，還是看不到，無法穿針啊，這時候他就說：「有沒有要追求福德的阿羅漢們及尊者們來幫我穿針？」為什麼這樣講呢？這是對有神通者說的，因為他是在他的房間裡，沒有神通是聽不到的。佛陀聽到了，佛陀就到他的房子裡面幫他穿針，結果阿那律知道是佛陀來了要幫他穿針，他感覺很不安，他說：「佛陀怎麼能讓你來幫我穿針呢？」佛陀說：「還有誰能比我更追求福德嗎？」佛陀追求的福德是世間的嗎？或是出世間的？不是的，佛陀是當下現空，如是滅度一切眾生，而實無一眾生得滅度者，在無過去心、無現在心、無未來心當中，如此如如實實地度眾圓滿。

所以修行人是永不認命的，也就是任何事情都是有因有果，你必然接受，但是我們不接受宿命，所以任何事情在還沒有發生前，都有改善的機會。就如同我手上這個香板，它這樣一掉，掉到地上，現在如果你的手接住了，它就不會掉下去了。就如同一個石頭掉到水裡，就會沈下去，如果把它放在船上，它可以當作壓艙石，像唐山過台灣，那船上一定要有壓艙石，否則會很容易翻覆。所以石頭有時候會沈水，但有時候會讓船不沈，而這些壓艙石來到了台灣，有什麼好處呢？這些石頭是青斗石，就變成蓋寺廟的基石，雕龍、雕鳳、雕獅。

所以一個修行人，他了悟這個現象，他不接受宿命，在因緣還沒有發生的時候，他會創造因緣，用各種能力來讓它止於至善圓滿，但當事情發生之後，他接受這個事實，他如實信受，然後用他的能力、他的智慧跟他的慈悲，馬上站立在這個事實上，再為眾生服務。

明心菩提

圓成一個菩薩有兩個關鍵，一個是他發願度一切眾生，一個是他要改善這個世界，使這個世界成為淨土，這是菩薩的兩重願。所以我們每天所作的事情，我們所發的願就是佛教徒課誦本裡面寫的「眾生無邊誓願度，煩惱無盡誓願斷，法門無量誓願學，佛道無上誓願成。」一這裡面一個是圓滿眾生成佛願，另外一個是莊嚴諸佛淨土願。所以在這裡，我祈願大家圓滿成佛，你們從此到成佛，我會追隨你們，當你們成佛的時候，我會成為你們座下的弟子。

再者，在這個佛陀的母國，這個地方的所有眾生必當使他圓滿成佛。這個娑婆世界，乃至法界一切眾生，我們都必當使他圓滿成佛。不只印度、中國、美國、比利時、歐洲、這娑婆世界，我們必使他成為淨土，乃至整個法界圓滿同成淨土。禪七中你們早晚課誦本的內容，是我一九八三年在深山閉關時每天早晚課誦的，這是我自己對自己的發願，是我自己的事情，沒想到後來大家的因緣就把它變成各位的課誦本了，也「陷害」了大家！（眾人笑）大家有幸共聚一堂，希望大家無災無障、具足福德直到成佛，也希望大家高高興興學佛，快快樂樂成佛。

成佛不需要每天都愁眉苦臉，修行人感覺好像都很痛苦的樣子，這只是一種修行的方式。你們有沒有看到觀世音菩薩臉上充滿痛苦的表情？沒有。佛陀還被稱為永遠的微笑者，各位！我希望你們如同佛陀一般，永遠的微笑，從自心到身，到境，你們每一個細胞、每一個心念，都是自在，都是歡喜，都是微笑。你的脈、你的呼吸都是光明，即使我們現在這個場域的每一點灰塵，各位都可以把它觀想成佛陀，吸進的光明充滿了微笑，你身體的每一個細胞都是如來，都是釋迦牟尼佛，都是歡喜微笑。

這個大地，地、水、火、風、空都是佛陀的身影，都是如來，都是光明，都是毘盧遮那佛。要怎麼光明呢？如同千百億日般的光明，你也許會說：「老師！你那是幻想，現在很暗耶！」眼睛暗沒有關係，覺性很明！是阿Q嗎？就看你們怎麼想了，這個就是你分別心跟無分別心的所在，如同千百億日般的光明，如水晶般的透明，如彩虹一樣空的、沒有實體，大家互相光明，互相照耀，互為眷屬，互成佛陀，互相扶助，互相圓滿，互為成就，同圓毘盧遮那佛的大願之海，共同成就釋迦牟尼佛的果位，希望大家就如同釋迦牟尼佛一樣圓滿。

下午開示

苦是騙人的
樂也是騙人的

苦集滅道

尼連禪河在雨季的時候有水，雨季之外的時間是伏流，沙上面沒水，沙下面有水有河，叫伏流。我來印度是第八次了，只有第一次碰到有水，那次也蠻奇怪的，好像是平常這時候不會有水，只有伏流，聽說是雪山上的水流下來。你知道尼連禪河沒有水就是沙，平常沒水一公里寬，有伏流，有水時又滿滿的都是水。

整個山河大地都在跟我們說法，但是我們都拒絕回應，譬如說樹葉，他出生了，又落下來了，它告訴你這世間是無常的，但是我們不理會這個無常，我們可能理會的是我們的感覺「落葉落了，心裡面好難過喔！」或是「哇！好漂亮的楓葉喔！」但是落葉，當一個緣覺，一個獨覺的聖者，他看到落葉飄落就開悟了。你們在經典上看到所謂的獨覺辟支佛跟聲聞阿羅漢，這兩個是如何區別呢？獨覺（或稱緣覺）是利根的，聲聞是鈍根的，都是自求解脫的聖者，緣覺這種利根的聖者是怎麼樣呢？他，即使佛陀沒有出世，他也可以開悟的，就像大迦葉尊者就是一個緣覺根器的人，他看到葉子落下來了，就了悟無常，解脫了；在這邊聽到鳥，啾阿啾阿叫的，就開悟了。「會嗎？不會嗎？」「不會嗎？會嗎？」

我記得在一次打禪七的時候，我在屋簷下聽到了鳥叫，忽然之間，我眼淚掉了下來，我說原來一切都是騙人的，什麼叫鳥叫呢？是鳥叫了呢？還是我聽到了？有聲音嗎？誰聽到了？

誰叫了？這些不過是一個因緣的組合而已，一切萬相皆是因緣所生。

所以什麼是開悟？你們每天，宇宙就在跟你們述說實相，但是我們還是強作主張，不肯認知。緣覺的聖者可以自己獨立開悟，但聲聞的聖者不行了，聲聞要聽聞佛陀的教法而能開悟，他聽聞佛陀跟人說苦啊！這些就是苦的啊！為什麼呢？這世間沒有什麼苦樂，苦也是騙人的，樂也是騙人的！佛陀說苦是要告訴你什麼呢？佛法不是「苦教」，佛法是「離苦得樂」，他告訴你苦是說：你沒有覺悟的話，你就身處苦境。你分別、輪迴就是身處苦境，這苦是有原因的，叫「苦集」，你只要把原因斷除了，你就會成就。注意一下！是斷除苦的原因，一般人都只想斷除苦的結果，卻不去斷除苦的原因，這是徒勞。然而要斷除苦的原因需要正確的方法，就是八正道：正見、正思惟、正語、正業、正命、正精進、正念、正定，斷除苦的原因，那就開悟了。

小乘者的解脫境界概說

所以說緣覺是利根，聲聞是鈍根，利根的緣覺只有兩個狀況，一種是開悟，一種是沒有開悟。所以開悟的叫緣覺，沒有開悟就叫沒有開悟。緣覺只有一個階段，你是或不是。

聲聞就有四果，因為他是有四個階段，初果須陀洹、二果斯陀含、三果阿那含、四果阿羅漢。初果須陀洹是七次往返天上人間，這怎麼說呢？就像這個杯子，它沒間隙、沒有漏，裡面的污水、煩惱水就洩漏不了，一般人而言，這水就是不斷地動，不斷地盪，所以心不平、氣不和，現在你修定力了，就把水弄平了，心平氣和，那心平氣和跟解脫有沒有關係？沒有關係，但是可以成為解脫的因緣。這只是定力而已，所以跟解脫沒有關係，所以有定無慧，無法解脫。什麼是智慧呢？杯子這邊裂了一個洞，水開始漏了，這叫初果，他有煩惱，然後煩惱的杯子被裂一個洞，這個洞開始漏水了，污水開始漏了，看起來杯子裡還是有污水有煩惱，但是他經過七次往返天上人間，這水會乾，煩惱水會漏盡，所以這做七返。

二果是開的悟比較大，把這個洞挖得比較大一點，所以一次往返天上人間就解脫了。

三果這洞開得更大了，所以他到達四禪的五淨居天，他在那邊入涅槃了，就不再回到人間。

阿羅漢呢？把杯子打破了，沒有留下任何的東西，所以不受後有。

禪師的手段——剎那定心

世間是實相，隨時在跟你說著真實的境界，但是有一個人永遠不肯相信，就是你自己，所以你堅決堅固妄想，堅持作錯誤的解釋，這叫「顛倒夢想」，為什麼顛倒妄想呢？心有罣礙，為什麼有罣礙呢？無明作祟，強作分別。各位，我們要怎麼辨呢？燈啊，是會壞的（編按：

當時禪七禪堂常停電）。煩惱是會滅的，煩惱滅了，也沒有煩惱可以滅。

你會發覺到看起來每一個地方都很無常，都很有趣。說真的，上次停電，我還是第一次在暗矇矇的禪堂裡面帶經行，這蠻考驗的，是很好的經驗，我終於知道古代的禪堂是怎麼回事了。古代禪堂都是黑黑的，沒有人看得到，禪師就問一個問題，黑漆漆中就有一個楞頭子跑出來：「嘿！」禪師也搞不清楚是誰，然後就叫：「掌燈！」然後那個楞頭子就縮回去了，不知道是誰回答的。我知道是你，就是你，而且你的聲音聽得出來。你們知道古代的禪堂是多少人呢？五百人、一千人、一千五百人，他們沒有麥克風喔，這情境是很有趣的。

禪宗說「棒、喝！」棒喝做什麼？他們可不是無聊。禪師高坐在禪座上面，兩個眼睛瞪得像燈籠一樣，咬牙切齒，手裡拿著一個香板，然後突然過來，「喝！」嚇得都呆了，請問一下，當你嚇呆的時候，你會起什麼妄想呢？這叫剎那定心。

我們來試試看：「年輕人，你是誰？」我的聲音這樣軟趴趴的，沒有用，如果我瞪著你大喝一聲，大家都呆了對不對，為什麼？各位打禪要的是開悟，對吧？七依處能引生智慧開悟：初禪、二禪、三禪、四禪、空無邊處、識無邊處、無所有處。這七處，以及初禪之前的未到地定，這是傳統的次第修行的方式。一個禪師要用他的手段，在一個剎那之間幫助弟子開悟，所以禪師難當，不是一句「你做得好」，再指導一下如此而已，不是的，禪師要有各種作略手段，一抓、一喝，把你的分別妄想都喝掉了，這時候進入剎那定心。

剎那之間達到一種擬定心的狀況，就像什麼？如果你們走在路上的轉角地方，忽然間跑出個鬼會怎麼樣？那時候還沒嚇死，然後就死了。我又開始在胡說八道了，我以前在政大的時候，有一個學妹，她到處看到鬼，老太婆鬼特別喜歡欺負她。有時候她這樣走走走，走過來，老太婆鬼就突然邋鞦韆邋出來，多恐怖啊！你一怕鬼，鬼就會欺負你，你一抓鬼，鬼就會怕你。鬼抓人比較新鮮，還是人抓鬼比較新鮮？人抓鬼。鬼抓人都是電影演的，人抓鬼比較常見，到處都有人抓鬼，鬼比較可憐，他不能真的做什麼，鬼怕人比較多，除非他跟你有很深的惡業，不要怕鬼，不要有這種分別心。

好，回到剎那定心。這時候你受到驚嚇，或是碰到車禍或昏眩了，這時你念頭會不會斷掉？這時候便是剎那定心。但是你念頭斷掉後？你的心會怎麼樣？過一會兒回神過來，「還好！還好！」這時候念頭又回來了，又變成凡夫了！如果剎那定心時，一喝！念頭斷掉了，這時禪師說：「原來還是個笨蛋！」「喔！我懂了，我是笨蛋。」就開悟了，這是剎那定心。

一九八三年我到別毛山海拔一千多公尺的深山閉關，閉關之前在善德禪院講經跟教禪坐，善德禪院是我母親的師父的寺院，這個老禪師當時快七十歲了，是我的師公，他們叫他禪師，但是這禪師是沒有學過禪的，他是曹洞禪的傳承，卻沒有學過禪。那個老人家流著眼淚跟我說，他這輩子到現在，出家四、五十年，總算知道禪是怎麼回事了，不是真的證悟，但至少是參過禪的。

那邊的老人家都是七、八十歲了，教他們打坐好難，我想我很快就要上山閉關了，那要怎麼教讓他們得到利益呢？我就想到一個辦法，就是叫他們穿針，藉由穿針時的專注，引發他們的剎那定心。但是我找錯人了，因為他們穿針好簡單，一穿就過了，所以沒有用！我又不死心，就叫他們把線折兩折後再穿，還是好簡單，只好用四折的，那四折就難穿了，每個人都很專注，這時候怎麼辦呢？我藏好一個碗，但是碗摔下去聲音會太爆，把那些老人家嚇壞了不大好，所以我在碗裡裝水，當他們很努力在穿針的時候，我就把偷偷藏的碗拿起來，他們沒有人在看我，結果碗一摔，哐！有人立刻說：「嘸驚、嘸驚！」那就馬上回到凡夫了，但那位老師公他有很特別的經驗，他聽到我一摔，水往上拋的時候，他聽到那水叮叮咚咚的聲音，水聲宛如天樂一般；也有人在碗一摔的時候，看到整個光明這樣嘩啦下來，破碎像碎鑽一樣；雖然他們沒有得到真正的悟境，但是他們有進入到專注之後，心被破了的現象。

師公跟我說，他這輩子從來沒有聽過那麼好聽的聲音！請問一下，這是水聲嗎？你們有沒有聽過這麼好聽的聲音？或是很好聽的鳥叫聲呢？有人也許會說：「這老師有問題，那鳥叫聲很平常的！」也有人說：「數息一點都不好玩，因為每次都數一樣的呼吸！」我說：「真的喔，我還是第一次聽到，你的呼吸原來每一個都是一樣的喔！」

過去心、現在心、未來心

各位，你的呼吸有沒有每個都一樣呢？你數的每一個呼吸「一、二、三、四」，都是重複的嗎？我有沒有問題，或是你們有沒有問題？你們怎麼想事情的？你們在想說「一、二、三、四」是一樣對不對，有沒有想過，這個「一」跟那個「一」有什麼不一樣？難道都是同一個「一」嗎？

你們會不會當下了？會不會過活了？今天回家看到老婆跟明天看到老婆，到底是一樣還是不一樣？這位說數息不好玩的同修聽了，有點悟境了，他說：「好快樂喔，原來每個一都是不一樣的，這個新鮮！」所以是什麼一樣啊？腦袋裡面的慣性一樣，把事情想一樣了！今年的初一跟明年的初一是不一樣的，無常，現成！所以這一步下去，就是現成！沒有過去心就不會感覺又一樣了；沒有未來心，就不會想「哎呀！好煩喔，又要踏那一步」；沒有現在心，就不會踏一步，就覺得這一步好累喔。

好！跟大家不管是胡說八道或是九道，那就多一道無常之道、覺悟之道，所以我們就來散步（經行），這樣經行會不會比較輕鬆一點？我最怕一個事情，我有一個未來心，怕這燈一暗，你們就全部消失了，然後全部的佛就自己跑出來，我就被佛嚇死了！（眾人笑）

經行導引

作個活活潑潑
的明白佛

好！大家自在安適，心放下，步步安適，

來！輕握拳，走每一步新鮮的，一步獨步法界，一步圓滿成就，來！開始慢步經行！

胯骨放下去，胯骨、尾閭骨、大腿內側的肌肉往下放，身體坐下去，膝蓋、腳後跟、腳掌、

掌心、腳指頭全部往下放，不要在走的時候，不知不覺身體又吊起來又緊張了，

身體一緊張，你的心就被揪緊了，你可能不自覺，但是心力已經不濟了。

跟整個大地、跟整個外界完全柔軟地相觸，如果把他分別了，你心念就不清楚了，

心也不覺了。呼吸放鬆、放下、放空、放到大地，不要有一個呼吸是緊的，

一緊了就產生了結滯，你的心念也不暢通了。

你的心要完全放下，連能放下的也放下，清清楚楚明明白白的，連清楚明白的也不可得，

所以每一步都是覺觀現成，覺而不受，

清清楚楚明明白白的，然後一切現成、一切放下，也沒有然後了。

佛陀他如何在菩提伽耶中開悟經行？

他如何穿越原野，走了十二天，走到了鹿野苑，去傳法？

他每天如何自在地經行，他的身如何？呼吸如何？心如何？

他對待這個環境的態度又如何？每一步都是全部的覺，覺而不受。

各位佛陀啊！各位佛陀啊！各位佛陀啊！
佛陀這一步走下就是佛陀，因為這一步不生不滅、不來不去。
腳後跟放下去、腳掌放下去，腳趾頭放下去，佛陀的腳是那麼柔軟地跟大地接觸，
因為大地跟他無二無別，連這無二無別，他也不受。

心不要掉入輕昏的境界，心微微提起來，讓心照明一點！
當你的心力感覺很累，身體感覺疲累，就把你身體的疲累跟心的疲累放下去，
就像水果熟了，它自然掉了，讓疲累掉下了。
心如何呢？把疲累、煩惱、無明都卸下了、都掉了，把心的執著、一切的我全掉了，
這時候連自在也不可得了，這是何等的自在啊！

心活活潑潑的，就像山泉一樣自然地湧出，沒有一點停滯，步伐就是這樣走啊！
這心就是這樣明啊！呼吸就是這樣放下！
這泉水汩汩不停地流，不斷湧出，現在心慢下一半，但是還是平順地流出，
身體活活潑潑的，每一個關節都是婉轉如意的。
慢二分之一地走，心一點都不會停滯，也不會感覺到凝重，
而是活活潑潑、自自由由地慢下二分之一，很有力地這樣走著！

雨下了！下到了大地，水聚合在一起，水開始流了，就這樣子，心慢慢地動而清楚，身慢慢地流而明白，身心明白自在，

誰也瞞不過你，誰也騙不了你，是誰要騙你呢？當然就是自己囉！

誰最會騙你呢？當然是自己囉！不要被自己欺瞞！不要被自己的習氣、煩惱、裝瘋賣傻、裝聾作啞、裝模作樣，被自己騙了！

心放下！覺觀！不要落入情緒裡面，明明白白的、自自如如的、活活潑潑的、自心明白，

明白自心，春花秋月幾時了，往事知多少？

明心自在、自在明心，不隨花月去。明白此身因緣有，一切放下，燦然現成，轉身如來、現前觀自在。

把滿腔心事一時抛卻，滿心煩惱一時凋零，生死覓不著，現現成成的、自自如如的，當個明白人。

各位啊！作個明白佛，好佛真自在！

來！再慢一些，現在可要慢得仔細、慢得用心、慢得有力！

誰能夠慢呢？慢的又是誰？

呼吸放得細之又細，讓他掉到大地，把所有的幻習、塵緣、所有的煩惱一起放卻！

來！現在走七步就停下來，隨意姿勢，或站或立或坐。
看看這一步走得空不空、明白不明白，脫落得徹不徹底？
這一次就把累劫的塵勞全部放下，身苦、心苦全部放下，
作個如來佛，作個佛如來，連佛也不可得。
啊！全部放下吧！
所有能放下的也要放下！

安立自在！安立自在！安立自在！
心覺醒了，該起來做事囉！
來！心、風、念、息、身、起、走！
來！自己作主、自己成佛去，走囉！

好！左腳跨大，右腳慢，身覺、心覺、自覺如如。
左腳跨大，右腳慢，這時候是不是走得很平均、很平衡呢？
這個覺的一腳踏出去了，是不是不受呢？
這個覺的一腳踏出去，是那麼自在明白而不受，這不是自在明白嗎？

好！恢復正常的步伐，尾閭骨放下，大腿的肌肉，尤其內部的肌肉要放鬆，腳後跟要放下，尤其是內側的腳後根、腳底放下去！

來！你們自己走，走到歡喜了，自己決定何時休息。

夜間開示

圓滿解脫的決定

世界華僧朝聖會館禪堂

須跋陀羅是佛陀最後的弟子，我們到佛陀涅槃地拘尸那羅（梵 Kuśhinagara）會看到臥佛，象徵涅槃的佛陀，佛陀旁邊雕刻了須跋陀羅，他是一百二十歲的婆羅門，年長佛陀四十歲，但是他一生修行都沒有辦法得到決定。佛陀入滅前，有一天佛陀正在休息，須跋陀羅求見佛陀，阿難因佛陀累了而拒絕。佛陀聽到了他們的對話，問阿難是怎麼回事，阿難說明後，佛陀說讓他進來。

須跋陀羅，一百二十歲的長者向八十歲的佛陀問法，結果須跋陀羅開悟了，成為阿羅漢，是佛陀最後的弟子。各位現在幾歲啊？還沒有一百二十歲吧，還很年輕，須跋陀羅是一百二十歲開悟，須跋陀羅不忍見佛陀入涅槃，所以在佛前就入涅槃了。

各位！一個修行人隨時隨地，念念是眾生，念念是眾生的解脫。就某個角度來看，我此生已盡了，從一九九五年開始教授高階禪觀八年，把兩千五百年來的禪法總攝成《禪觀秘要》，這是我此生在佛前，向佛陀發願允諾的事，在二〇〇二年時已經完成此生最重要的事情了，可以說其他的事情就是多的了，但沒想到之後也陸續完成許多佛陀的畫作，很歡喜，因為念念不離心。各位看佛陀拖著那麼累的身體，最後說法，一百二十歲的老人家就在佛前成就阿羅漢了。

所以各位啊！修行之事大須仔細，雖然說我永遠記得你，佛陀也記得你；雖然說我發願是生生世世要追隨大家來圓滿成就的，但最好還是這輩子圓滿解脫，對各位來說也比較輕鬆。不要害怕年紀大、身體不好；也不要自認年紀輕、身體很好，虛雲老和尚五十六歲開悟，這還算是年輕的，須跋陀羅一百二十歲開悟，年少悟道者也有龍女八歲成佛。

比死亡更放不下的事

我自認慚愧，自身福德不足，不能夠帶給大家最好、最圓滿的解脫，但是我會盡力，世間的一切事情如夢幻泡影，我這一輩子經歷了一次真正的死亡，還有大約十次的瀕臨死亡的經驗，都差一點死去了，我的年紀也不是太大，但是我從高二那一年死去一次之後，我已經不再畏懼死亡了，但是當你不畏懼死亡之後，這事情完了嗎？沒有，你還有很多的事情放不下。你不畏懼死亡，但你會重視很多外在的東西，人間的恩怨情仇，小枝小節都在。

大約一九七八年，我大學一年級時，一個人騎著一輛很老舊的腳踏車環島，我這人一向「膽大妄為」，當時就帶著睡袋，借宿在學校教室的走廊。就這樣子騎，配備很陽春、很危險，而且沒有車燈，我用二十五塊錢買了手電筒綁在腳踏車上。我先往東部走，到了宜蘭是九彎十八拐，一天騎一百四、五十公里，而且都是山坡路，第一天騎到蘇澳煞車已經受損了。

第二天我從蘇澳開始走，到東澳坡是一路下坡，那是三、四十年前的蘇花公路，發車都是單向發車的，且下午兩點半之後不准發車，我就騎著腳踏車上路，一邊是斷崖，一邊是山壁。騎到一半，不只是剎車失靈，煞車是連鐵皮都燒掉了，還想說奇怪怎麼剎不住，還好當時年輕體力好，身手敏捷，這就是一個當機立斷的問題，我馬上當機立斷跳車，各位知道要怎麼跳車嗎？我找了一個山壁凹進去的地方，就往那撞，讓車子去撞山壁，因為它已經完全失速了，車子越衝越快，先跳車，讓車子往山壁上撞，千萬不要抓著車，一仆下去，一拖就完了，接下來身體要怎麼辦呢？看過特技演員吧！就在地上翻滾了，滾到山壁旁邊，坐在那邊，身上一數有十二個傷口。

但這不是最可怕的，在三十秒後，一輛大卡車衝過來了，當時蘇花公路的大卡車都是大型的卡車，它幾乎是佔據了全部的路面，我坐在地上，那卡車的座位很高，司機跟副駕兩個人面無表情地看著我，四隻死神的眼睛，跟我的眼神這樣交會而過。我彷彿看到了死神的眼睛，其實當時我已不怕死，但是我在那瞬間，就如同昨天跟各位說的，大家在三天沒有吃飯之後，這時候有饅頭給你吃，只覺得「好吃喔」但好吃什麼？不知道，只有在你肚子有一點墊底了，慢慢才能品味了。基本上有這樣的感覺，就知道如何分辨什麼是好、什麼是不好的東西。那現在經過這樣之後，吃到這饅頭，「喔！這是光復饅頭！」

如果我沒有跳車，我只有三條路走，一條路掉落斷崖；一條路被車追撞，因為大卡車佔據了整個路面，直接下坡，救都無法救；第三條就是被擠扁了。

霎時我親眼跟死亡接觸，面對死亡，品味到死亡之後，我回觀此生，那時候年紀輕，二十一歲，發覺到不可思議啊！人世間所有的恩怨情仇，就像螞蟻腿、蚊子肝那麼大。那個人對我好，那個人對我不好，對我們好一定是要感恩的，對我們不好，有什麼不好？我們事情要做得清楚，要講得清楚，這是做事的態度，但是我們很多人、對很多的事情的判斷，卻是斤斤計較於這些老鼠尾巴的冤，或是田螺那麼大小的冤仇，即使是你不怕死了，你還會去堅持、去分別、去計較，這不可思議啊！

如果在你死亡之前，你有空回觀一下，你會發覺到這一生所堅持的東西，都是那麼小的東西，那一件是值得堅持的？剎那間，所有的恩怨情仇從我心中裡面完全放下，所以後來我提出「沒有敵者」，很多人看到這四個字，就說「你自認為是無敵的人嗎？」、「你是無敵金剛嗎？」別搞錯啦！我是說我沒有敵人，那別人要不要把我當敵人？各悉尊便！但是我心目中不再有敵人，所以從此之後我沒有敵人。

修行口訣——心如・氣鬆・脈柔・身空・境圓

「心、氣、脈、身、境」是我體悟到很重要的修行口訣，這五個字是把生命的內到外，作初步的分類，從我們的心，我們的呼吸，呼吸走的脈道，所聚成的身，然後成為境。那我們的修行是怎麼修呢？我們修行是從外到內，所以我們要從境來，於是此刻我們來到了菩提伽耶。

當我們來到我們的心靈殊勝之地，讓我們超越了什麼？外在的這個一切，那平常時怎麼辦呢？修行要莊嚴的佛堂，境上讓我們有殊勝的感覺，修行的統一感，所以先從境上面來修，就是安排佛堂、安排禪堂。但是若說只有很莊嚴的佛堂才能修行的話，那佛陀恐怕也成不了道了，密勒日巴尊者恐怕還在吃蕁麻，廣欽老和尚恐怕還在啃蕃薯，當然這是玩笑話，只是說一開始為自己準備一個莊嚴的環境是有幫助的。

再來我們要調身，身心要調清淨，從境到身，再來是脈，從外調到內，你的呼吸、你的心。從外面開始相對比較好掌握，由外向內調進去。但是解脫的方向是不同的，解脫的方向是從心的解脫，到呼吸，到脈，到身解脫。阿羅漢解脫了，但阿羅漢的相，有時候並不具足相好莊嚴，但是他不是解脫了嗎？菩薩是不是要繼續相好莊嚴？阿羅漢他解脫了，他是心解脫、生命解脫了，但是有沒有淨土？沒有，所以淨土的圓滿是什麼？是佛。

所以心要安住在如，氣是完全地放鬆，脈要柔軟，身要空，境要觀察如夢幻泡影，到最後如幻圓滿，就是淨土的圓滿，都解脫了，從這樣來趨入。所以當我體悟了「沒有敵者」，這對於我一生的修持，佔有決定性的重要關鍵。因為我從此能夠跟自己好好相處了，我能夠從此安心修行，我不跟自己打架了。

佛法的實證

我從小可以說是很有福的人，也可以說是福很薄的人，我其實是一個沒有任何好的條件可以修行的人，我既不聰明，身心也都不好，我家經營的工廠在我母親生下我之前的一個月發生爆炸，我逃過死劫，後來是母親因為摔倒而生下我，母子差一點就去世了。然後三歲腦膜炎、五歲工廠二次爆炸、看到平常跟我玩在一起的人在眼前慢慢死掉、七歲父親去世……，所以我從小恐懼我的親人是不是都會死呢？雖然我五歲就知道人會死，但七歲喪父對我而言是很大的傷痛，因為我根本不知道我父親死了，我以為他睡著了。

所以為什麼我開始修行呢？是因為我有福德善根嗎？不是的。佛陀是有智慧的，他從四個城門出遊，沿路觀察到生、老、病、死後決定出家修行。而我是根源在自己身上，我對生命、對親人的疑問，他們萬一走了怎麼辦？所以我十歲開始打坐修行，想找到一條超越生死的路徑。

但我從小體弱多病，跑一百公尺向來都是超過二十秒的，我的胸骨又受過傷，所以我在高中的時候，身高一百七十四公分，體重只有四十四公斤，我是從大學之後，再從新發育的，而且發育到現在還在發育當中。以前我的臉不是長這樣子的，我的耳朵本來就大，但是沒有現在這麼大，整個臉形就好像去整形了，骨頭都改變了。在天生的條件下我並非是有很好條件去修行的人，只是因為我相信佛法，我看到生命的苦迫。

我的母親願意當我的護法，讓我在這條路上面，沒有後悔地一路走下來。我沒有好的條件，但是我就是一心要證得法，就如《妙法蓮華經》中所說「一心欲見佛，不自惜身命。時我及眾僧，俱出靈鷲山。」如果有人要見佛，不自惜身命，佛陀、還有聖眾都會從靈鷲山出現。所以我切實感覺到，我是一個完全沒有條件來修好行的人，但是因為相信佛法，所以得到一點正念的人，所以我心裡面永遠感恩。

西藏的偉大成就者密勒日巴大師，他可歌可泣的修法，成就了很多不可思議的事情，很多的弟子就在他前面哭泣說：「上師啊！你一定是金剛持的化身，一定是佛的化身，我們這些人的話，根本別想修持這樣的成就。」密勒日巴祖師說：「你們這樣講，對我的恭敬是有功德的，但是對佛法卻是邪見，我可能不是金剛持的化身，大概是三惡道轉世來的，但是由於我這一生相信佛法、實踐佛法，所以成就了。」他這一生，年輕時很可憐，家財被侵佔，一家人被當作奴僕使役，甚至被趕出家，尊者本來家裡有錢，但父親早逝，被親族侵佔了，而且把他們當作奴隸，他的母親心裡充滿了仇恨，用家裡最後的錢送他去學咒術、誅法，就像中國的茅山道術，學了法術來報仇，這過程他所犯下的惡業很大，但是最後卻能夠修行成就。

所以，我剛剛先問各位自己所具足的條件為何，並且是思惟這其中自己能夠真正作的是什麼？而這一切是我在面對生死的過程裡我所體悟的，我所堅持的是對一切生命尊敬如佛，有人問我說：「老師！我要學什麼方法？」我說：「我不能教一個佛要學什麼方法。但是你想學什麼方法，我可以告訴你，這個法該怎麼修會更有幫助。」我廣學一切法，不是為了其他事，而是我為了一切佛陀準備的，一切尚未證悟自己是佛的眾生，所以大家對法，對自心將來的成就一定是要堅持的，此生必當覺悟，而且必度一切眾生。

只有點燈才能拿掉黑暗

我很高興自己是在這樣的過程中，讓自己的心超越了自己跟自己的敵對，我心裡不再有敵人，但這有時也要看因緣，有人說：「老師啊！有人在網路上罵你。」我不會回應的。任何對我的批判，我不會回應的，我的老師也告訴我不要破邪顯正，但是要做什麼呢？要顯正，邪自然就破了。因為你要破邪，所以一天到晚在破邪，忙著破邪，就沒有時間顯正了，我們要作的正面事情是作不完的。

另外一個觀點是，你要拿開黑暗是不可能的，你只有點亮光明一途。所以心不要與自己為敵，也不要與一切人為敵。如果有些人我感覺現在與他相處，對他沒有助益，甚至有傷害，是無益的，那我會抉擇目前先暫停跟這樣的因緣在一起，否則是浪費自他的生命，但我們要幫助對方成佛的心是永遠不變的，只是說現在因緣不適合在一起，不是說他是我們的敵人，我想這樣的心念要清楚明白。

牽轉牛鼻來，轉身就位

昨天晚上跟各位講解宏智禪師的〈坐禪箴〉、〈默照銘〉，這裡面的細密功夫還是要跟大家講一講、做一做，讓各位知所用處。這裡面每一段都是很好的，但是這次禪七我將會跳著講，跳著講有其妙處，當你們體會了，全部就能自己體悟了。

我們來看《宏智禪師廣錄》的第四則——

「衲僧家，枯寒心念，休歇餘緣，一味揩磨此一片田地，直是誅鉏盡草莽，四至界畔，了無一毫許污染。靈而明廓而瑩，照徹體前，直得光滑淨潔，著不得一塵。便與牽轉牛鼻來，自然頭角崢嶸地，異類中行履，了不犯人苗稼。騰騰任運，任運騰騰，無收繫安排處，便是耕破劫空田地底。却恁麼來，歷歷不昧，處處現成，一念萬年，初無住相。所以道：『心地含諸種，普雨悉皆萠，既悟花情已，菩提果自成。』」

各位！你們要枯寒心念，不是叫你們去寒心喔，所有的妄念讓他自然像冬天或是秋天的落葉一樣自然凋零，妄念分別讓他枯寒，一切餘緣完全休歇，如何作？就是一味去磨你這份心，這不是話頭嗎？這是我第一次把話頭跟默照當成同體來教授。

從佛陀開始傳法，佛陀所傳的是一味的佛法，什麼是一味的佛法？就是解脫自心的佛法。佛法，佛陀所講的就如同這杯水，或是這是一口井，一個佛心的井，佛陀所證悟在此，而佛陀向從東邊來的人說西邊有水，向西邊來的人說東邊有水，為什麼？整個世間男男女女，各式各樣的人等，有人學這個，有人研究那個，有人貪重，有人瞋重，有人痴重，有人慈悲重，有人智慧多……，還有各種語言，每一種語言都有每一種語言的特色，有些語言擅長講這個，有些語言的概念是在那個語言裡是沒有的。這不同的人，不同的語言，佛陀應他們而開示一實相的佛法，就是因緣法、實相法。但是大家體悟的方便就不同，有些人從禪入手，有些人從論入手，有些人研究經，有些人研究論，有些人通三藏，都不同。像佛陀十大弟子專長各個不同。

在發展過程中，這每一個緣都各聚成各個團體，這是合理的，對佛法證悟的人，他們有同樣的瞭解，他們只是性習不同、所悟不同，但他們各自的弟子、再傳弟子、再傳弟子……，對佛法的瞭解是從那裡開始呢？除了佛陀的語言文字之外，就是後人的語言文字，這會不會出現不同的見解？有，這是自然的。所以佛法的最初，從佛陀之後就慢慢地分化了，分成各種部派，後來又分成小乘大乘，又分成中觀唯識，又分成顯教密教。各宗各派，每一教派都各自再分。

透過唯識開悟的叫開悟，那透過中觀開悟的叫什麼呢？當然也是開悟。從四念處的開悟叫開悟，參禪開悟的難道不叫開悟嗎？也沒道理。所以即使分成各部派，每一個人的語言文字都是指月的，悟得的是相同的，所以古今聖人所體證的內容是完全統一的，完全一如。語言文字是要重視，但在真義上可能會牽涉到語言的落差，不要被它綁住了。所以我希望能從心再會通佛法，會通佛法是回到佛陀的本懷，在這裡我認為要會通佛陀的本懷，有一個重要的導師是我們要深深刻刻去體悟的本尊——龍樹菩薩。龍樹菩薩被稱為大乘佛教的共祖，因為他能夠瞭解佛陀教法的深義與廣大，所以我所宗學的佛法亦是透過龍樹菩薩，我希望回到佛陀的本懷。那我自修學處是從何修學呢？因為我從禪宗得力，所以這即是我的方便處，究竟歸命處是如來之心。

也因為我在這時代，我有我的方便，我年輕的時候碰到好老師，給我眼睛，讓我能夠從真實菩薩道裡面去體悟，不侷限、不堅持一個宗派，所以說我不是一個宗派的人，我是一個佛教徒。我懂得，目前這因緣中一些佛法的方便，我因為我的願力，我希望幫助所有的人，從他從各自佛法的方便裡面得到解脫。我受禪宗影響很大，但是我也不是典型的禪宗行者，我是中國的佛教徒，但是我不純粹只是中國的佛教徒，我是佛陀的孩子。所以我說這個時代，我們不妨就稱為「地球佛法的時代」吧！這個時代超越宗教，超越一切，以如來的覺性為中心，到最後連「佛」字都不必談，就是「大覺」，一切眾生心性大覺，這是我們希望做到的。

回到經典，「枯寒心念，休歇餘緣，一味揩磨此一片田地」。這裡說明了話頭跟默照是等同一如的，證見是相同的，你要做到什麼境界、什麼層次？「直是誅鉏盡草莽，四至界畔，了無一毫許污染。」你要除一切心中的草莽，你心中所有的污染一切盡除，「四至界畔」到什麼程度？到法界之畔，到一切處。很多人會說我心中所有的煩惱已斬除，眼睛一看，前方怎麼有一染污物？這染污到底是長在外面還是長在心裡？算是你內在的界畔之內，還是界畔之外呢？這就是問題！如果你是一個菩薩行者，你會認為這是界畔之外嗎？當有染污在眼前，你是用著厭惡的神情繞過去？或是現在不適合面對它，就繞過去了？或者你認為佛陀，他很慈悲也有智慧，而且沒有分別心，所以看到了染污，是沒有分別心地踏進去嗎？你也許會說「不會，你可不要侮辱佛陀，佛陀沒有分別心的，所以佛陀不分別香臭的，所以佛陀踏到的染污物是香的」，那麼這樣講是對的嗎？

聖嚴師父曾講過一個故事很好玩，他在美國打禪七的時候，他去上廁所，美國的弟子看到他上廁所，臉上就露出十分失望的表情。很多人總是希望佛陀吃飯之後不必上廁所。對不起！佛陀吃飯一定會上廁所的！許多的事不要自找麻煩，佛陀做的事跟我們是一樣的，只是我們執著，他不執著而已。他是如來，我們不如來而已。你們總不會希望佛陀上廁所是在空中飛來飛去吧！（眾人笑）

所以「四至界畔」，你心中有一點分別，要去除。無分別不是不知道，不知道是無知，所謂不分別是更清楚明白，「了無一毫許污染」，污染又是什麼？污染就是分別心，不是髒臭喔，是分別心，「靈而明廓而瑩，照徹體前，直得光滑淨潔」，靈而自明，廓而自瑩，默照、照默同體如實，照徹體前，這裡我若改成「照徹話頭」，不是一樣嗎？體前、話頭是什麼？話的前頭，也就是起心動念之先，也就是心性之本，也是照徹體前，一樣的。照徹體前，看破眼，看破你的話頭，看破你無始劫生死本來面目，父母未生前的本來面目，「著不得一塵」，任何一塵也落不得，不落一塵，這時光滑潔淨不落一塵，光滑潔淨可以就落入光滑潔淨，那到這裡要做什麼呢？古鏡磨好之後便需打破，如何打破？要牽轉牛鼻來。不要因為是光明境就一直沒入，一直進去、直入去，去到何處？落到光明境界裡，淹死了。許多修行人是一味淹死光明境，萬年千載難開悟。所以要牽轉牛鼻。

牽轉牛鼻有方法，要「打蛇打七吋」，什麼叫牽轉牛鼻？修行如同爬喜馬拉雅山，很多人修行很好，就跟爬山爬得很好一樣，千辛萬苦，經歷生死種種的劫，衣服已經半年沒洗了，有一點血跡，很多的污垢，身上、頭髮都有鳥巢了，充滿了種種的莊嚴，人家一看就很尊敬，說他修行多麼、多麼好。他這樣回家了，知道自己是如何經歷了千辛萬苦，他牢牢記住他的法，牢牢記住我修行很好，但回家之後呢？他進了家門，卻永遠保持著朝向屋內的方向，屁股背對著外面，為什麼？他不可以放下啊！他放下之後，人家就不知道他修行多好，也不肯去洗澡了，不肯轉身過來當家的主人，別人告訴他這是你家、你的家人，他卻說：「不要吵，我修行很好，我修行很好！」。

各位修行人，修行到家要做什麼？放下布袋，洗個澡，換個乾淨的衣服，泡一杯烏龍茶，就像我們打完禪七要辦茶宴，百千萬劫，終至今日，善哉！善哉！這叫什麼？轉身就位。

放不下你的修行，就放不下你生生世世，你老是在修行位中走，你如何無修中來呢？如來者無修中來，無修無證本來佛，始覺同本覺，所以坐下來，沒事了，「不！我還在修行」，不，沒事了。

所以無有少法可得，得什麼？「得阿耨多羅三藐三菩提」，這叫「牽轉牛鼻來」，自然牛鼻一轉向外一看，全部都是自己的家人、自己的家。「自然頭角崢嶸地，異類中行履」，在眾生裡面，自自然然，行處怎麼樣？普天之下莫非王土，所以不必偷、不必搶，都是自家的東西，所以「了不犯人苗稼，騰騰任運，任運騰騰，無收繫安排處」，不用收繫、不用安排，本來現成。這叫什麼呢？「便是耕破劫空田地底」。劫空田地，時空之前。「卻恁麼來」，就怎麼來？就如來，「歷歷不昧，處處現成，一念萬年，初無住相」，初就沒有住相，初無住相。「所以道：心地含諸種，普雨悉皆萠，既悟花情已」，各位！明天做什麼，今天晚上或是做夢時做什麼？「菩提果自成」。好詩好境，聽了好舒服！

佛法是自家屋裏事

接下來我們看《宏智禪師廣錄》的第五則──

「渠非修證，本來具足，他不污染，徹底清淨。正當具足清淨處，著得箇眼，照得徹脫得盡，體得明踐得穩。生死元無根蒂，出沒元無朕迹，本光照頂，其虛而靈，本智應緣，雖寂而耀。真到無中邊、絕前後，始得成一片。根根塵塵，在在處處，出廣長舌，傳無盡燈，放大光明，作大佛事。元不借他一毫外法，的的是自家屋裏事。」

「渠非修証」，這個不是修証，為什麼？本來具足的啊！各位！不要從我手段上去看啊！從自心中去悟。「他不污染，徹底清淨，正當具足清淨處」，這時候做什麼？不要掉入清淨，就著得箇眼。我寫了這幾個字，也是回報聖嚴師父的師恩：「師著隻眼，從來不瞎，柴米油鹽，勞師指瑕。」這個眼啊，就是正著隻眼。「著得箇眼，照得徹脫得盡，體得明踐得穩」，所以這默、照，要照到什麼程度？照要徹脫得盡。照要怎麼默？體得明、踐得穩，這體默要能照。「生死元無根蒂，出沒元無朕跡」，生死原來並沒有根蒂啊！出沒原無朕跡。所以體悟到這裡，話頭悟道。「本光照頂，其虛而靈，本智應緣，雖寂而耀」，本光自照其頂，本覺現成，話頭悟道，始覺成就，虛能靈啊！本智在應緣啊，雖寂而能耀。照而默，默而照，不是如此嗎？這個狀況是什麼？「真到無中邊、絕前後，始得成一片」，真到沒有終邊，絕去前後，這時候才能夠打成一片。各位！腳痛要不要默照啊？所以腳痛怎麼辦？痛！這叫默照。這痛，有沒有什麼煩惱？沒有什麼煩惱啦！只是不方便，走起路來拐拐的，這個是打成一片。「根根塵塵，在在處處」，要怎麼樣呢？「出廣長舌，傳無盡燈，放大光明，作大佛事，元不借他一毫外法，的的是自家屋裏事。」

各位！都是自家屋裏事，所以我說前說後，說南說北，只是在告訴大家什麼事呢？你們成佛的方法。我現在所說的都是莊嚴各位的，你們成佛的時候，這些都是你們的故事。就如同《華嚴經》是釋迦牟尼佛，這位毘盧遮那佛在宇宙中奮鬥成就的過程。你們現在是善財發心了，你們發心善財，就開始修行成為普賢菩薩，成為普賢菩薩，有一天你們就會成為毘盧遮那佛，你們會講你們的那一部《華嚴經》。這些故事，希望你們莊嚴他、圓滿他，相互說給大家聽，這個世界就是這麼圓滿，這麼清淨，這麼現成的！

陸

默然寂照

Before
the Enlightenment

聖地開示

心的覺性誕生了

藍毘尼園 ─ 佛陀誕生之地

苦行林─佛陀六年苦行之地

菩提伽耶 ─ 佛陀成道聖地

鹿野苑 ─ 佛陀初轉法輪聖地

靈鷲山 ─ 靈山大會宛然未散

祇園精舍─佛陀宣講金剛經之地

毘舍離 ─ 佛陀宣告入滅處

七葉窟 ─ 第一次佛教經典集結

兩千六百年前佛陀在印度誕生，是人類覺性的老師，也是人類自我覺醒的一個希望。當年佛陀在藍毘尼園走七步，一步步足下生出蓮花，他這七步的每一步，一手指向天，一手指向地，他指的是「自性」，是「覺性的光明」，每一步的蓮花，是從我們自心中誕生的。我們如果想像佛陀在印度誕生下來，就像是我們的無上菩提心、佛性、佛心誕生了；佛陀走了七步，而我們心的菩提覺性，也就是一個個蓮花的產生。

我曾經畫了一幅〈誕生佛〉，深刻感覺到這個新的時代因緣，當時我便把佛陀說的「天上天下，唯我獨尊」這個偈頌稍微調整一下——「天上天下，一起獨尊」，這是來自「全佛」的概念。

當我們開始發心修行讓生命增上，始覺成佛，剎那之間，我們回到我們原本的本心，原來我們覺悟的是我們本具有的佛性，從來沒有被污染過，從來也不被破壞，在任何時候，從來都是染污不得，但需要經過努力修證、去除掉那些幻象煩惱，因為在虛幻中的一切現象讓我們感覺真實，所以一直以來我們要去除的不是本心的部分，而是虛幻的部分。我們身在夢中，當夢中覺醒的時候，我們的心中本來就是清明的，本來就是沒有污染的，所以醒的是夢，本心只是如同浮雲遮住了太陽一樣，現在是把浮雲撥開，所以覺性從來沒有迷惘過，只是被遮住了。

始覺之後，始覺同於本覺，所以指天指地指向的是什麼？最上的無上菩提，回到我們的本心，七步蓮花從我們自心中顯現，我們的心就是誕生佛，誕生佛不斷在我們的心中成長，我們的佛性在我們的心中成長，那我們就會圓滿菩提伽耶的釋迦牟尼佛。我想我們用這樣的觀點來看待自性，我們如今在佛陀的誕生地就隨著佛陀的步伐走向前，佛陀誕生了，那是生命的希望，我們心的覺性也誕生了，這個覺性也不是新，也不是舊，而是本性的覺性，我們在此重新認識覺性，讓我們從自己的覺性出發，步步生蓮，為度眾生願成佛。

藍毘尼園——佛陀誕生之地

藍毘尼園（Lumbinī）中摩耶夫人誕生太子的雕像已被磨平，實在可惜！我每次看到它的感覺都很深刻，這是佛教聖地中最重要的地方，因為有這塊佛陀誕生石，它就是在這裡找到的，是歷史上一個很重要的發現，它證明了佛陀就是誕生於阿育王石柱下。當時這一塊石雕出現的時候，引起舉世很大的震撼，怕再挖下去會產生破壞，大家看到還有一個腳印，那是最重要、證明佛陀誕生的石頭。這個挖掘雖然找到佛陀誕生的地方，但到底是保護還是一種破壞呢？我看那時候的挖掘不是那麼細心，是有一點破壞到，所以從事任何的考古動作，必須十分、十分地小心，十分、十分地尊重，以萬分地小心、尊重的態度，對每一步、每一步都能用很尊敬的心來面對，不然會還沒出土就破壞了。

在這個石雕像上，我們看到歷史印記很清楚地印在上面，雖然被破壞了，其實它更讓我們感覺到這塊石是「活」的，它以存在的形式繼續說著：「我是永遠的和平，對生命永遠的尊重，永遠不斷的在幫助生命成長。」任何事情發生在佛陀身上，佛陀永遠以慈悲對待，永遠是智慧對待。就如佛陀在《金剛經》裡說到往昔他是一位忍辱仙人，被人節節支解時，心中完全沒有任何一絲怨恨，這讓我們很深刻、很深刻去思惟：佛陀心中在想什麼？佛陀不只是沒有對任何加害他的人生起瞋恨，而且安住於無生法忍，更重要的是，他一定發願去度傷害他的人，要幫助他成佛。佛陀永遠這般對待一切生命，任何有恩於我、有怨於我，或是無怨無仇、沒有關係的眾生，都對他們大慈大悲，用大智慧來使他們解脫，令他們圓滿成佛，這是宇宙中最終最究竟的光明心性，也是最圓滿的實踐之道。現在我們看到佛陀誕生石在此，但佛陀他究竟誕生在何處？在我們的心裡，我們心中的覺性也在這時候誕生。

那摩耶夫人代表什麼呢？代表整個法界的智慧，她誕生了佛陀，讓我們從法界中出生，在無明輪迴中的眾生，如果在這一念迴觀反照，體悟到自性的清淨無染，沒有任何執著，充滿智慧跟悲心，永遠以定力來攝持，念念不忘眾生，念念度眾生，念念無所著，如是滅度一切眾生，實無一眾生得滅度者，如此我們就回歸我們的體性。所謂法界現空，在現空一味當中，我們證法度眾生而沒有執著，是無上菩提最究竟的顯現，讓自己成佛，讓眾生成佛，但是沒有一絲一毫的執著，乃至成佛的執著。

苦行林——佛陀六年苦行之地

各位想想看在古代的菩提伽耶是什麼地方？整個地方都是苦行修行者所在的地方，事實上各位眼睛所及之處在古代都是樹林啊！佛陀在這裡苦行，有些修行者是在洞中修行，有些人在樹下打坐。佛陀在這裡作了六年苦行，這一段的經歷，讓佛陀覺悟到苦行是無效的，但是這段經歷也是佛陀的初嚐試——為什麼要苦行？人造了惡因，產生了業障，是不是再造另外一個因果就可以把它抵銷呢？每一個因緣種下去之後，所產生的果報是確定的，而他們的苦行觀念是我用苦行抵銷，是否我所有的業報都沒有了，我就解脫了？

有一位印度的瑜伽士，有一天他感覺到濕婆神告訴他必須修苦行，他的苦行就是舉手，一舉就是二十六年，想想看舉手二十六年這手變成怎麼樣呢？鈣化，這個手都放不下來了，那欽佩不欽佩他，要不要尊敬他？「要！」那要不要學他呢？「不要！」（眾人回答）各位的回答是很有智慧的。

佛陀也在苦行的過程中試驗身體的機制，身體變成皮包骨，所以他告訴大家，因果的問題不在修不修苦行，苦行只是對身體極致的鍛鍊，這跟智慧無關。所以證量、修行、見地、佛法，不是一種思想，不是一種看法，思想和看法只是一開始，到最後這種思想、看法仍要透過修行。我們的思想、看法是世間的智慧，就像燭火一樣，像我們火供從大塔引火，燭火外面沒有燈罩，要怎麼從正覺大塔拿到尼連禪河邊？一定要有一個燈罩罩著，這個燈罩的罩住就是「定力」，要修定。

佛陀是沒有潛意識的人

修行人一開始先要有正確的看法、正確的思惟，但看法有時候會忘記，因為不曾內化到心的最深層。人的思惟是什麼？意識。再往下有什麼？潛意識。再下還有潛意識，再潛意識……，佛法中，在我們的意識之外，還有裡面的根本我見，即第七意識，以及第八意識含藏識，所有的思惟只是冰山一角，行為都受到潛意識的控制，自長遠劫來的無明、習慣、成見、輪迴一直操控著我們，因此我們修行佛法的過程，就是「轉識成智」。用另外的觀點來看，就是我們要把我們的潛意識——這個無明的意識——轉換成覺的意識，所以轉識成智。你可以把這個你知道你會這樣做，但是也不清楚自己為什麼這樣做，這個不能作主的意識，全部轉識成智，所以佛陀是一個沒有潛意識的人。

我們永遠在畫線，畫出你、我、他，那我們跟自己有沒有畫線呢？也有，我的頭比較重要，其他地方比較不重要；我比較喜歡這一件衣服；我比較喜歡這個寶石，不喜歡那個；我比較喜歡自己的眼睛，不喜歡嘴巴等等。我們跟自己都在吵架，都在畫線，每天吵，跟外境也吵。而這些現象都是虛妄的，故說諸法無我。有些人擔心那如果「我」沒有，是不是生命也都沒有了？這無關的，「無我」只是把那一條線擦掉，「無我」不是改變任何的事情，而是把界線化掉了，因為那界線是假的，所以諸法無我，這世界本來就是無我，是我們把線劃上去而已。

一切諸行是無常的，在時間中的運作都是會變化的，當你開始這樣體悟，覺悟一切性空，你的自我就寂滅、消失了，得到涅槃寂靜，這就是三法印。用這樣正確的見地，用我們自身地、水、火、風、空的五大，用正確的意識修行，結果就是智慧開始內化了，並且產生定力。這樣的智慧本身，會讓我們的身體產生變化，從外在的意識回傳到內在的意識，從定力跟慧力不斷地增長，到最後我們解脫。

所以佛陀從這裡結束苦行後，到菩提樹下，於金剛座上證得圓滿。所以修行是要很仔細的，要怎麼仔細呢？要掌握到正確的方法，最重要的是要做對的事情。所謂對的事情對一個修行人而言是什麼？便是我要用三法印來思惟人間跟宇宙的義理，這是正確的見地。接下來是要做對的事情──依四聖諦修行。以修禪而言，即要用修禪來使這個佛陀所體悟的正確看法──四聖諦，變成我們生命中最深層的部分，如此才能解脫。

菩提伽耶──佛陀成道聖地

我們在菩提伽耶的正覺大塔，有幾個概念要跟各位說一說。

第一個是「菩薩」（梵 bodhi-sattva）的概念，在佛陀當時的「菩薩」是指還沒有成佛的釋迦牟尼佛，後來才有了種種的菩薩僧。

大乘佛教認為佛陀是經由累世的修行，在最後身才成佛，但是在部派佛教認為佛陀本是凡夫，是這一世才成佛，基本上因為有些部派佛教主張佛陀就是跟他們一樣的阿羅漢，這裡有些基本觀念不同。

我們要了解，佛陀是自覺者、創覺者及覺他者。阿羅漢不是自覺者、創覺者及覺他者，他必須透過佛陀的教誨；他也沒有覺行圓滿，所以佛陀才是更圓滿的一個徵象，若沒有佛陀，阿羅漢不能夠成就。

昔日釋尊出家時，本來師從二位仙人學習禪定，一位是數論派的碩學阿羅邏迦藍（梵Ārāḍa-kālāma），一位是鬱陀迦羅摩子（梵Udraka-rāmaputra）；putra就是「子」的意思，像《心經》中出現的「舍利子」，不是舍利子的意思，而是「舍利的兒子」舍利弗多羅。佛陀跟鬱陀迦羅摩子學非想非非想處定的禪法，跟阿羅邏迦藍學無所有處定的禪法，這是四禪八定中最高的禪法，但是仍然無法解脫。後來佛陀發覺到苦行無益於成道，這個定力不能真正圓滿解脫智慧的，所以捨棄了苦行，接受牧羊女的供養，調理身心後，第二週坐在這個山丘，以前也沒有正覺大塔，現在才有。他凝視著菩提樹，目不暫捨，安心而成道。

所以修行人要無比感恩，成道的人亦是，不感恩無以成就，不感恩，法源不清淨，相不柔軟，心剛強就無法成就。佛陀第三週在此經行、行禪。所以這幾天我帶給大家一個是佛陀原始的行禪的方式，以及中國禪宗所發展的快速跟慢的經行，還有希望讓大家迅速成就的極慢經行法。

請問各位，舍利塔到底是佛陀生前就有，還是佛滅度之後才有呢？佛陀生前有沒有塔的存在呢？有，佛陀的髮塔。各位到中國光孝寺，後來六祖大師在廣州剃度的寺院，該處有瘞髮塔，即佛陀埋下頭髮所建的塔。所以世上第一個塔可能是在佛陀生前悟道之後就建立的塔，但是並沒有足夠的文獻記載，不過理論上可以推論是如此，所以這個頭髮是很重要的。

佛陀成道之後，原想先度化他的兩位老師：阿羅邏迦藍和鬱陀迦羅摩子，有一位仙人說他們一個已經走七天了，一個已經走了五天，因此佛陀才去度五比丘，經中說他還為此走了十二天的路程，這真是了不起！今日的五比丘塔，上面是瞭望台，當初伊斯蘭教在印度，各位走訪印度各地看到佛陀雕像臉部不是被砍就是被削平，因為穆斯林說要破除偶像，回教徒將偶像稱為 Bud，應該就是從 Buddha 而來，有貶抑佛教之意。當二〇〇一年巴米揚大佛在阿富汗被激進政權摧毀時，〈網路與書〉雜誌請我寫一篇：佛教如何跟伊斯蘭教抗爭，我說佛教不跟人家抗爭，所以我寫了〈蓮花與彎刀〉，佛教被喻為蓮花，佛教徒不會跟人打架，永遠不斷地放空自己、收攝自己，慈悲面對一切，用智慧來處理、化解對立。

請問各位，正義的人我們會幫助他們，那邪惡的人我們要不要幫助他們？要。但不是幫助邪惡，而是幫助他們超越，所以佛法永遠超越對立面的。各位在印度看到不同的宗教的信仰，不同的種族，我們心中容攝這一切，佛陀就是要讓大家覺醒，每一眾生都是平等的，圓滿的。我很歡喜，可以和大家講說這樣的佛法。

鹿野苑——佛陀初轉法輪聖地

整個印度佛教的建築基本上有三類，第一是僧團、修行者的住處，稱為精舍（梵 vihāra）；第二就是塔（梵 stūpa），供奉佛陀或是聖者的遺骨；第三是支提（梵 caitya），作為禮拜用的寺院。

自古以來佛教的建築以精舍最為重要，因為佛寺是修行人的住處，一般禮拜用的支提在印度是相對比較小的地方，反而精舍是大的。至今最重要的舍利塔，從佛陀入滅八王分舍利之處，到八王各自迎請舍利回國供養建塔，乃至阿育王所建造的八萬四千塔，一代一代擴展出去。

而中國的寺廟，後來是以禮拜用途為核心，成為支提跟精舍的混合體。鹿野苑原有佛舍利，但目前已被放到恆河。鹿野苑（梵 Mrgadāva）即包含了前述的三種建築，是一個很完整、很大的地方，且應該會一直往外拓展出去。

各位看這石刻的藝術，你會發覺到阿育王石柱竟然能把表面處理的那麼漂亮，又維持那麼久時間，那已是多少年前的事情啊！在兩千年前。這個塔是五百年就倒了，但是這裡變成整個鹿野苑最重要的一個建築，各位看上面的雕刻那是不得了，這個地方本來都是一尊尊的佛像，但是現在都沒有了。這個塔本來更高，一般人的觀念認為現在的建築多麼了不起，但是以前這種塔的造像，都常常是七十公尺，也就是兩百尺的高度，那都是在兩千年前的事。

另一個重要地點是達美克塔（梵 Dhamekh），它是佛陀授記彌勒佛的地方，傳說佛陀在天上的時候也是在此處被授記的，當時佛陀在經典中有不同的名稱，像「善慧天子」等，有過這樣的說法，不過普遍是認定是未來佛彌勒被授記的地方即是在達美克塔。所以我們現在禮拜現在佛——釋迦牟尼佛、未來佛——彌勒佛，我們將來也準備成為未來佛。

靈鷲山——靈山大會宛然未散

我們來到靈鷲山（梵 Gṛdhrakūṭa），在此地的靈山大會仍未散會，《妙法蓮華經》說：「一心欲見佛，不自惜身命，時我及眾僧，俱出靈鷲山。」在這裡，我祈願所有的聖者加持我等，讓我們圓滿成就無上菩提！廣度一切眾生！成就一切佛果，也使一切世界圓滿！這裡表象上是一座山，但實際上是靈山淨土。那各位會不會看到靈山淨土呢？這要看你們自心所顯現。

這是佛陀入禪定之處，事實上所有的歷史都一直在校正，都還在「發展」當中，有時候說法上會有不同的變化，所以很多地方因為新的考古發現而出現不同的看法。不過，既然各位踏上所謂的「靈山聖境」，最終一切還是回歸自心，在此你看到的是土地磚瓦，還是淨土呢？就看你自己。

佛法是出世間的，然而在出世間的緣起中，對世間的一切道德、一切孝心，對父母一切的感恩，乃至一切的善，是完全地推崇，所以佛法講「諸惡莫作」，是斷一切惡，再來是「眾善奉行」，然後你在行一切善道、斷一切惡道時，心中完全斷絕一切善惡的分別，這是「自淨其意」。能超越一切善惡的思惟，所以能「如是滅度無量無數無邊眾生，實無眾生得滅度者」，如此布施一切而無相，這樣才能成就無上佛道。所以佛法是要斷一切惡、行一切善，到最後超越善惡。

佛陀他思念母恩，因為佛母摩耶夫人在生下他七天之後就往生了，到哪裡呢？到忉利天。忉利天又稱為三十三天，是帝釋天所居的天界，佛教有所謂的六欲天，指欲界的六天，人類是在欲界，包括人、天人、阿修羅等。

三界六道

阿修羅是一種有天福、但是心中充滿瞋恨的生命。他們一天到晚嫉妒天人，常常很生氣。還有餓鬼、畜生、地獄，加起來佛教稱為六道，這是一種分類方法。也有三界的分類，三界裡還有男女欲望的是欲界眾生；再來是色界眾生，已沒有男女欲望，只有單性的存在；第三是無色界，是一個沒有形相的世界，這種生命的存在是連光都沒有，當然也沒有了黑暗；我們人類是五蘊色身，有色、受、想、行、識，在無色界的眾生只有四蘊：受、想、行、識，僅有純粹的精神體存在。

在欲界屬於天界的有六天；色界有四禪十八天——初禪三天、二禪三天、三禪三天、四禪有九天；無色界則有四天。欲界、色界、無色界三界總加起來是二十八天，有時候講二十七天。在欲界的六天，第一個是四天王天，四大天王即東方、南方、西方、北方四大。這裡跟各位提一下，托塔天王並不是李靖，那是《封神榜》把四大天王跟魔家四大將混在一起了，所以出現一個李靖，其實北方天王就是托塔天王，守護北方，名為「多聞」。北方天王是一個大護法，他原是唐代的隨軍守護，後來守護佛法、守護眾生，故稱護世。

四大天王天再上去就是忉利天，也叫帝釋天。再上去是夜摩天，再上去就是兜率天，是彌勒菩薩現在居住的地方。

要注意的是，四大天王的一晝夜等於人間的五十年，他們的定壽是五百歲。再來是三十三天，又作忉利天，其一晝夜是人間的一百年，可以活一千歲，真的是「天上一日，人間百年」，講的就是忉利天。

祇園精舍——佛陀宣講金剛經之地

佛陀母親摩耶夫人往生之後就到忉利天，所以佛陀特別在祇樹給孤獨園上昇忉利天，為母親說法。佛陀要離開人間到天上去說法的時候，僧團大眾都很思念佛陀，我們等一下就會看到一株阿難菩提樹，這是經阿難提議，目犍連尊者以神通去取菩提伽耶佛陀成道的菩提樹枝種在此地。佛陀回到人間後很歡喜，並在樹下坐了一夜，所以後人以此樹為代表佛陀的標記。佛陀在此昇天為母說法，佛陀在拘尸那羅入滅時，佛母從忉利天下來看佛陀，佛陀從金棺中坐起，這些佛傳故事就這樣串連起來了。

所以祇園精舍是一個很重要的地方，是佛陀上天為母說法處，他盡孝道、盡法道，這兩個都是我們要效法的，所以一定要記得三寶的恩德、佛的恩德，三寶讓我們能夠產生法身的慧命；二要記得父母的恩德，否則修行會產生障礙；三要記得國家的恩德，國土大地長養我們，這是恩德；四要記得眾生的恩德，念念懷恩，法源才能清淨，不念恩者會生起我慢，法源一定有障礙，所以一定要念念感受三寶、佛、父母、國土、眾生的恩德，隨時隨地感受他人的好，這樣的心才能柔軟，否則心剛硬如鐵，如何去接受圓滿的法源？法源又如何清淨呢？

毘舍離——佛陀宣告入滅處

毘舍離（梵 Vaiśālī）是佛陀最後居留處，也是第二次經典的集結處。佛陀到拘尸那羅入滅前，渡過河後回望毘舍離，對阿難說：「這是我最後一次回觀母國。」

佛陀入涅槃有他的緣起，若佛陀不入涅槃，是不是就能夠延壽了呢？經典中記載佛陀他跟阿難講過三次要入滅，但是阿難因為心被遮蔽，忙著做其他事，所以沒有回應請佛住世。魔王趁機請佛入滅，因此佛陀是應魔王之請而入滅的。

七葉窟——第一次佛教經典集結

七葉窟（梵 Sapta-parṇa-guhā）為第一次集結經典的地方，是佛入滅後，承先啟後最重要的一處，沒有這個地方的集結，佛教的發展在佛滅後會產生很大的困難。

佛陀入滅後，眾人把所有的三藏經教整理過，希望可以讓人共同依循。印度古代的經藏，本身是以背誦為主，有所謂的九分教、十二分教，就是指九種性質的經典，或是十二種性質的經典，這是依佛陀的本緣、教化，種種不同分類而成的一種經典分法。但是在佛陀滅度之後，

在這裡所集結的經藏、律藏、論藏，三藏陸續傳到中國後，統稱為大藏經。但是中國大藏經的性質，是三藏的擴大，自魏晉南北朝開始，就把從印度傳來的經典開始抄寫，所以稱作一切經。一切經後來又稱為大藏經，大藏經是基於三藏的概念發展出來的，但會有些許不同，因為有擴大的性質。

何謂經藏

「經」是什麼？就像念珠的線，這條線可以把所有的法義串連起來，所以名為「經」。「經」是什麼？佛陀到每一個地方說法，在五比丘塔初轉法輪，他講四聖諦，初轉、示轉、證轉，說四聖諦法，讓大家來學四聖諦，大家都能證得四聖諦，所以稱為「三轉十二法輪」。

佛陀在每個地方都有宣說佛法，其實就是在每個地方演講，這個講經是針對不同的人，不同的提問，有不同的性質，所以經典就分成九部或十二部。把經典集合起來，一開始是一部一部的，後來擴大後就成為所謂的「經集」。所以有些經是單部的，有些是大部的，例如《華嚴經》這樣的大部經典，是隨類收經，《大集經》也是隨類收經，是把各地的演講蒐集在一起，初選的時候，是比較單純一部部把它們串連起來，後來有了分類，就有經有品，而經就是這一個序列的演講集。

「品」又是什麼？例如我在這個地方作第一次演講，在另一處也有了第一次演講，幾次不同的演講合在一起，這稱為「品」。佛陀隨因緣說法，為不同的人而說，是稱為「經」。

「律」是什麼？律是「學處」，就是我們要如何過恰當的生活，然後才能修行成就。千萬不要把「律」只想成是一種規定，不是的！原始佛教「律」的集結有一個很重要的性質，是佛在世時僧團生活的總集結，所以要研究當時佛陀僧團的生活，不是在經典裡，經典很少會看到這部分，而是記載在律典中。

所以律典太重要了，佛陀告訴大家要洗溫泉、要注意衛生，佛陀也說吃藥時該怎麼吃才恰當，吃飯時不應該做什麼、應該做什麼。佛陀在僧團初始三年沒有制定戒律，為什麼？因為沒有人犯戒。後來雖然有設定戒律，但千萬不要當作規條，就會完全失去佛陀的意旨。

那麼「戒」是什麼？例如有這條線在，你不要跨過去，會摔倒；所以你必須生活在安全的地方，其中必須有幾個性質，第一個是自己跟自己和諧相處，第二個是你必須跟團體生活和諧相處，第三個是你必須跟整個社會和諧相處。如何做到這個，讓心能夠安下來？就是我們經常說的薰修「戒、定、慧」。「戒」是什麼？就是生活，和諧的生活、如理的生活、如法的生活，然後你才能心安，心安才能修習「定」，所以戒是基礎，生活才能安心。「慧」是什麼？解脫。安心之後，你才能真正的解脫。所謂的戒、定、慧，有了戒，生活完全如法，你才能安心修定，才能得到解脫。解脫之後有解脫者的生活，一個解脫者的生活還是和戒、定、慧三者合在一起，這才是真正安心而解脫的生活。所以這個戒及律典太重要了，還有若要研究佛陀的生活，以及佛陀當時所有的僧團互動，都在律藏。

再來是「論」，論是對經典的一種研究。佛陀在每一地隨緣說法，或長或短的開示，弟子們研學探究後成為一篇一篇的論，你必須把它作為為經義去解釋，所以論基本上就是一種經典的研究。論中少數是佛陀講說，大部分是弟子們的研學，構成經律論三學，這就是所謂的三藏。

能夠成就三藏的人稱為「三藏大師」，例如「唐三藏」或我們所熟知的玄奘大師，但所謂的「唐三藏」，不只是玄奘大師，而是指唐朝的三藏大師，像義淨法師也是，所以唐三藏有非常多位，其中懂經藏的稱為經師，懂律藏的是律師，懂論藏的是論師，參禪的就是禪師。

阿難證得阿羅漢的因緣

佛經第一次集結，是在七葉窟進行五百賢聖集結，傳說阿難當時還沒有悟道，沒有證得最後的果位。為什麼？有一個說法我們來了解一下：佛陀不以阿羅漢為侍者，因為阿羅漢是無學，是眾生的福田，堪為人天應供，所以不應為侍者。佛陀也是阿羅漢的一員，但是他超越阿羅漢，因為阿羅漢是隨覺者，是經佛陀教導之後才開悟，而佛陀是自覺者、創覺者、覺他者，覺行圓滿。

阿難廣學多聞，佛陀所說的經典唯有阿難最清楚、最了解。大迦葉和阿難雖然和合，但是在行事上，有著生活上、性向上的基本衝突，因為大迦葉是非常保守的人，阿難的作風比較自由派，所以大迦葉常常會批判阿難，認為阿難太受歡迎，因此而常常叫阿難過來時說：「小朋友過來！」阿難就很委屈地說：「長老阿！我的頭髮都白了！」

其實，大迦葉長者，他的用心是為了要幫助阿難離欲清淨，才會強烈要求他，且他認為三藏的集結只有阿羅漢才可以完成，而阿難一定可以成就果位，所以大迦葉要求阿難要成為阿羅漢才能進去集結三藏，之後便把門關住了，意思是你要進來就必須成為具足神通的阿羅漢。

傳說阿難日夜精進修行，於禪定、經行中身心得到統一，但他非常疲累。我們知道人什麼時候最會開悟呢？當你跟煩惱打完架的時候。煩惱不是別人，是你！是你跟自己打架。當你跟煩惱打架打到你的身心跟妄念兩個都奄奄一息時，這時候開悟的機會最大，所謂「打得生身死，方得法身生」。所以當阿難經行到疲累不堪想歇息，頭正要躺下，還未至枕，豁然速如電光，整個心就像在黑暗的世界裡面突然電光閃亮，一切都明了了，阿難也證得了阿羅漢；這個叫做「電光三昧」。

成就阿羅漢的過程有兩種，一種是「俱解脫阿羅漢」，就是定、慧都已圓滿，解脫一切煩惱，而有大神通力。另一種是「慧解脫阿羅漢」，是有慧而定力不足，所以慧解脫阿羅漢不一定有神通，雖然歷經初禪、二禪、三禪、四禪、空無邊處定、識無邊處定、無所有處定，到非想非非想處定，因定心過細而無法開悟。所以前面七個可以開悟的稱為七依處，得道了就是慧解脫阿羅漢，另外一個則是在前面的未到地定。所以禪宗的祖師喚你過來時，很兇地抓住你逼問，要你馬上回話，讓你的心識突然間停住，然後再打破你的定心，這是一種方便。

阿難得到電光三昧時，是俱解脫，得到阿羅漢的果位之後，就有神通能進入七葉窟參加集結，所以有了「如是我聞」，這是三藏結集的一個因緣。

由此可知，七葉窟這個地方很重要，我們要一心歸命佛陀的教誨，三藏能導引眾生離苦得樂，讓我們把三藏教法在地球盛行，讓一切眾生圓滿成佛！

經行導引

執著的一步是眾生
放下的一步是如來

經行導引

輕輕握拳，身心完全放鬆，腳掌放開、放鬆，放下去，整個腳掌放下，膝蓋放下去，

尾閭骨像金剛杵一樣放下去，腰椎放下去，

清楚明白地走，走的時候，每一步都很清楚明白，步步完全放下，有些人走得比較快的，

就繞過而行，一開始的時候隨順自己的速度，慢步地走，一步一步，

清清楚楚明明白白地走。

腳掌踏地，腳後跟要踏到大地裡面，感覺到整隻腳能夠穿透到大地，

大地是軟的、跟你是統一的，跟你完全融合在一起，完全沒有執著、放下。

你感覺到整個水的流動，整個風的飄動，你的身體被風吹著走，被水推著走，

就像浮萍一樣，就像飄花一樣地走著。

就像水母在水中的漂動，完全柔軟的，完全自在的。

你所有的動作都完全放鬆、放下，放空，身體有哪個地方緊張，把它放鬆、放下、放空，

呼吸緊張了，就把它放到大地裡面去。

每一步都踏穩了，再走第二步。腳掌要張開，向四方張開，而且放鬆、放下，

心專注而放下，放下、放鬆、放空。

當你放下、放慢，心的每一個念頭都會看得更清楚更明白，心裡面的煩惱塵埃、

夾雜在心念間的黑暗就自動浮現出來，掉下去了，

身體現在自然而然地慢了下來，身體慢下二分之一，心念慢慢二分之一，

清楚明白地觀照著，

心慢二分之一，身體慢二分之一，呼吸放下自在，整個山河大地，

整個時間空間也彷彿慢下來了，都全部慢二分之一，

心要一樣的清楚明白，完全沒有分別，放下一切，連放下的、能夠放下的也放下了，

只有清楚明白，也不落在清楚明白當中。

再把身體放慢二分之一，心念放慢二分之一，仔細看著它的動作，就像幻影一樣，

這個幻影一樣的動作，讓他再慢二分一，就像把水族箱中的水泡、氣泡放慢二分之一，

你看到你的動作慢慢地放下來，慢下來，

放慢二分之一，清楚明白地動著，完全沒有障礙，柔軟放鬆有力地走著，

輕飄飄的像羽毛一樣，力量卻是無窮地活潑，無窮地充足，

就像水銀瀉在地上一樣，粒粒成圓，每一個動作都是自在圓滿的。

放慢二分之一，心念觀照得更清楚，所有的妄念煩惱就自然剝落了，
這些妄念煩惱沒有一個是屬於你的，放下吧！
就如觀自在菩薩，他以圓滿到達彼岸的智慧，現前觀照到我們的身體，我們的感受，
我們的思想，我們的生命意志，我們的心識都是空的，
宇宙中一切萬物萬相都是空的，這時候自然超越了一切苦樂。

放下、一切自在地放下，現在整個法界變成光明，是大智海的光明，
是毘盧遮那佛的大智光明，
你的身心每一個細胞、每一點都像太陽一樣明亮，像彩虹一樣沒有實體，是完全透明的，
像水晶一樣，從自己到整個宇宙，全部都是千百億日的光明，
你一步一步地慢步經行，每一步都是自在的，
都是腳踏實地的，每一步都是放鬆的踏進大地當中，跟整個宇宙完全統一，沒有分別……
無分別當中，沒有任何的執著，統一只是初步現象，空、放下，遠離有、沒有，
愈虛幻愈清楚明白，體是空，作用不可得。

一步一步向前走，心放下、放空，完全沒有任何的執著，因為跟山河大地是統一的，

統一也放下了，這中間只是光在光中行走，有影像卻是無相，一切不生不滅，所以這一步不生，下一步當然不滅，遠離分別對待，所以沒有無明，當然也沒有無明窮盡。這一步是觀自在菩薩的一步，你用這一步去實踐，去圓滿到彼岸的智慧，無上的般若智慧在這一步裡面，踏下去即圓滿了。

超越一切的苦厄，超越一切的分別，照見身心是空，宇宙是空。是故一切的色相、宇宙的萬相，跟空沒有差別，而空與宇宙所有現象都是無二無別，這無二無別當中，你體證到「色即是空」，你遠離了煩惱，解脫了！

因為你的大悲心，你不願只有自我得到解脫，而重新來到世間，了悟世間的種種現象都是空所顯現，是故「空即是色」。

你的感受，你的思想，你的自我意志，你的心，意識都是空的，乃至宇宙種種萬相都是空的。

各位！你們要去體悟空中不會有真實的色聲香味觸法，不會有真實的眼耳鼻舌身意，這都是眾緣和合而生。

當你體悟到這一點，既沒有「我」，怎麼會有「我的」執著與消滅？沒有「我」，當然也沒有「無我」，無我只是針對「我」來的，「我」既然消失了，「無我」哪裡可得呢？

各位！每一步都超越有、無，自自在在地走向前去！
觀自在的一步、如來的一步、圓滿的一步，沒有執著，放下一切，
心完全放下了，放空、放鬆……
一步一步自在地踏下去，身體沒有任何的執著，放鬆、放下。
為什麼能夠放下？因為它是空的。
身體有所執著時，放下呼吸，讓它掉到大地裡去，掉到宇宙的中心，
一切放下，讓呼吸變得既深且長。
一切放下，心念愈放下愈清楚，愈明白愈能放下；
一切放下，所放下的放下之後，連能放下的也要放下，
這時候心如明鏡一樣，皎然明潔，如大海一樣能夠映現法界，
但是這中間沒有一絲一毫的執著。

眼根放下，眼睛放下，不要只看色相，讓外境來看你，眼睛又舒服又安適又清楚。
耳根放下，不要去聽聲音，讓聲音來聽你。耳朵放下，耳道暢通，聽得清明，
聲音就像如來的聲音一樣，那麼的美妙。
鼻也放鬆了，鼻子通了，所有的味道自然轉換成不可思議的美妙香味。
而心絕對不起執著，所以覺而無執，覺不隨念而走，不落入分別。

這一步就是如來的一步，你的心全體放下，全體現成，你的身心愈放鬆愈有力，氣力愈充足，走得愈有力氣，走得愈安適自在。

慢得自在比快得自在更加困難，所以慢步經行比快步經行更難、更累。

這時候才是明白人。

把一切磨得細細明明的而能照見萬物，萬物卻沾染不得，所有的煩惱整個拋下了，心啊！也要磨得細細明明的，磨到最後是任何東西都沾不得，讓一切統一，身心放鬆、放下，在慢步經行的時候要保持覺性圓滿，所有的動作就如同明鏡一樣，那樣的清清楚楚、明明白白，心念都是清清楚楚、明明白白的，你的身體、感受、心念、思想，還有存在的境界，身、受、心、法，你都是清清楚楚、明明白白地照見而沒有任何的執著。

看看身體有哪個地方僵硬了，就是那個地方有執著，那個地方就要放鬆、放下、放空，讓整個身體就像影中的影子、光明中的光明、水中的水、風中的風。

佛法裡用三種動物來形容我們的心，第一個是心像猴子，隨時跳動不停，沒有剎那定心之處，所以叫做「心猿」。第二個是意念像馬，到處奔馳，這叫「意馬」。「心猿」、「意馬」到了《西遊記》，就變成孫悟空跟龍馬。

第三個是牛，佛教講牧牛是要牧心牛，心要訓練完全自在，不去偷吃他人的農作物，
所以心要調，調心就是調心牛、調心猿、調意馬，
讓跳動像猴子的心能夠安住下來，讓如馬奔馳的心安定下來，自在到可快可慢，
要讓心就像最好的牛一樣，不會去侵害他人的稻穀。

現在你們的每一步就像心猿，就是你走路雖好好地走，卻是胡思亂想，心早就跑掉了。
如果走路的時候東看西看，就是心跑很遠了，就像馬一樣四處奔馳，
就像牛去偷吃別人的稻田，
所以在慢步經行時，最好的方法是讓心安住下來，身心跟整個宇宙完全統一，完全放下，
心不要掉入無明的坑洞，也不要胡思亂想，或飄去遠方。
如來走的每一步就是如來，因為他的每一步都是當下放下，一步不生，一步不滅，
步步如來，無所從來，無所從去，如中行來，如中行去，所以名為如來。
佛陀在菩提樹下開悟之後，是誰在走路啊？這一步放下去，是佛還是眾生？
執著的一步是眾生，放下的一步是如來；左腳是眾生，右腳是如來。

你們走七步，一步要比一步更慢。心悟了就自在，七步是一個圓滿，
所以第七步你要坐、要站，都可隨著你的自在覺意，

讓身體完全地停止、放鬆，呼吸自在，一切放下，心念融入整個法界無所分別，身心寂止，
身心寂滅，所有的煩惱妄想都消失無蹤了，心如法界的光明，統一自在，一切現成。
看好自己的心、身怎麼從生到滅，怎麼從動到完全止息，
看清楚、看明白，心如何在完全光明、寂滅當中沒有分別地在法界體性中，
這就是如來，體性沒有分別的如來。

心從覺性中覺醒，沒有分別地生起心念，這是觀音法門。
觀世音菩薩大悲的呼喚，讓心生起了心風，心風生起了念頭，
念頭看清楚心怎麼生起心風，怎麼生起念頭，怎麼推動呼吸，怎麼推動身體的細胞，
身體是怎麼動的，又怎麼跟宇宙產生互動，
一切都是輕輕地從大智海當中、大智光明當中浮起來。

慢慢站起來，看看自己的心，你的心是如何從生滅當中重新受生，像春天的花，
慢慢地、慢慢地從花苞一點一滴的張開，
你覺悟的生命從此展開，沒有執著，完全觀自在的，從此之後斷絕煩惱，
生命從此之後是覺性的新生，
是如來，無所從來，無所從去，如是而生，生是無生，無生而出生。

放下吧！讓它更自在、更周圓。

放下吧！慢慢地踏上你那一步，看看怎麼走出去覺性的一步？

你的趾頭、呼吸乃至身體、骨頭就這麼走，這麼自在、這麼圓滿，

所有的痛苦放下了，沒有可得的，自在解脫，整個身心的行動就像鏡中的影像。

加快腳步囉！與你們平常的步伐更快地走，但也不用太快。

停——

是什麼停了？

來！舒服地走三圈。

休息！

解七
處處現成

Before
the Enlightenment

下午開示

莫錯用心

下午禪眾沿著佛陀悟道前最後的路線行履朝禮，各自安身坐禪，後回到禪堂圓滿解七。

解七正是起七時

我在家裡面迎接大家！

今天要解七了，很歡喜，但是我還是跟大家報告我一向的看法，解七正是起七時，因為真正的禪呢？是在人間中行。我們在這邊修行只是讓我們能夠走到人間，如同佛陀一樣，圓滿地度化眾生而已。

驢有頭，債有主，
達摩東度，我等西來，
把帳跟佛祖算了清楚，好回本家，
自性寂滅，應機現成，
當一個好佛自在。

這是剛剛寫的偈，看起來似乎寫得很奇怪，驢有沒有頭？當然驢有頭，所以說債有主，看來我也沒有寫錯。達摩東度，我們西來，來這邊跟佛陀把帳算清楚了，所以帳清了幹什麼？要回家了。回哪個家？回你自性的本家。應機現成，我們也準備當個好佛了，難道還有壞佛嗎？所以這邊第一個事情，《楞伽經》中說「無有涅槃佛，無有佛涅槃。」沒有涅槃的佛，也沒有佛涅槃的，所以我們來到印度看看釋迦牟尼佛在不在！不用擔心，這個佛沒有涅槃，他永不涅槃的，永遠濟世應人的。

法界如幻，依緣起現，
如日月照，斯如如也。
如是明空因緣，
吾等當知了達一切無有執處。

以前在大學的時候，我偶而就這樣隨手寫一寫，旁人以為這是從某本經典抄出來的，其實都是我隨手寫的，都是自心的感受。這個法界是如幻的，是依因緣而起現的，就如同日月明照，這個是如如而已。所以說這樣的時空因緣，我們要了達什麼呢？要了達一切，沒有任何執著之處。這是我要跟大家講的第一件事。沒有佛涅槃的，也沒有涅槃的佛。也就是說我們的大悲起用，生生世世如佛相應，如佛現成。這是大家要緊緊記取的！如實地應用！

有一則公案，這公案說「馬大師不安」，這馬大師是誰？就是馬祖道一禪師。這「不安」不是心不安，是身體不好生病了。這寺院管理人院主就問他：「和尚最近尊候如何？」這和尚是老師之義，你最近的身體狀況怎麼樣呢？這院主明知故問，馬祖大師不就是生病躺在那邊嗎？所以馬祖大師回答他：「日面佛，月面佛。」根據《佛名經》卷七記載，日面佛壽長一千八百歲，月面佛壽僅一日夜，意思是日面佛活得很長，月面佛活得很短。後來圜悟大師這麼解釋：「在這裡，左眼是日面，右眼是月面。」左眼日，右眼月，到底是什麼時候看到的呢？各位啊！日面佛、月面佛！時時是好日，處處是現成，管他活得長或是活得短，都是好佛。一日悟了是佛，百劫未悟是眾生。在一分是佛，百劫千劫是佛，所以日面佛、月面佛。這正是一個禪者或是說一個修行者，他自我生命的寫照──日面佛、月面佛。

法施的因緣

馬祖道一大師跟石頭希遷大師，這兩位一個住在江西，一個住在湖南，在當代，他們都是六祖大師的再傳弟子，且在當代變成二位大師。古代的禪德，他傳法是看因緣的，這個弟子來參他，禪師一看可能說「你的老師不是我，是另外一個人」，就這樣讓他去另一位禪師那邊了，所以互相介紹來介紹去，因為這裡面要看因緣，要看誰跟誰有緣。就如佛陀，他能度有緣眾生，那佛陀有沒有不能度的人？多的是啊！例如六群比丘，這六群比丘是提婆達多的伴黨，那提婆達多想當新佛，所以叫佛陀退位，後來聽說佛陀在靈鷲山上，看到佛陀過來，就從山上滾下來一個大石頭，想謀殺佛陀，後來只把佛陀的腳壓傷了。

且這六群比丘一天到晚吵吵鬧鬧的，把僧團弄得紛擾不安，於是很多人跟佛陀說這樣不行，要請佛陀去跟他們講一講，讓他們安分修行。佛陀說沒有用的，但是大家不相信，一定要佛陀去，於是佛陀就去跟他們勸說要他們好好的修行，結果那六群比丘跟佛陀回說：「佛陀啊！你省省吧，你好好安住在你累劫修行所成就的廣大福德，你安住在那邊就好了，那吵架的事情就讓我們來好了。」所以佛陀也無法度化他們。

還有一個城東老母，跟佛陀是同年、同月、同日、同時生的，也跟佛陀住在同一個城中，這時空因緣多近阿！但是她就是不信佛陀，結果人家勸請佛陀去度她，佛陀說我跟她沒有緣，度不了！大家不相信，佛陀就實踐給大家看囉！結果佛陀從前面走去，城東老母往後面看；從後面走來，她往旁邊看；從左邊走來，她往右邊看；佛陀從上面走來，她往下面看；從下面走來，她把眼睛閉起來。沒有辦法了，佛陀說我跟她沒緣，但是有一個人跟她有緣。是誰呢？羅睺羅跟她有緣，那時他七歲，所以這小朋友就去了，城東老母果真一看到他就好喜歡喔，就跟他東問西問的，沒有多少天就信佛了！

也曾有我某個學生希望我去「度」他的朋友，我說：「他的緣是你啊，不是我的緣。」他又說：「可是你是我的老師啊！」我回答：「我是你的老師，不是他的老師，他不相信我，他相信的是你！」所以你們各自有各自的緣，這樣法才能夠增長。尤其各位在這次經歷這樣的自在，有這樣的因緣！各位啊，百千萬劫難遭遇啊！就是這樣難得的禪七因緣。

說真的，今天下午我有種很深刻的感覺，覺得自己彷佛如在夢中。我在二〇〇五年來印度的時候，怎麼知道今日會在這裡主持禪七？在美國大覺寺主持禪七的時候，又怎麼知道會來這邊主禪？正因為在美國大覺寺主禪，很感恩德恩法師安排的因緣，回台灣後，忽然之間有使者送來一件大覺本寺（摩訶菩提寺）佛陀的法衣，這讓我決定應該來到此打禪七。各位啊！我盡量不空著雙手出門，既然來這裡打禪七，我要有誠意，我的誠意是什麼？就是畫了這張〈成道佛〉，那佛陀好畫嗎？不好畫吧。我一生做任何事情絕不苟且，我做的事情都是細細密密的。而事情該怎麼走怎麼發展，自有其因緣，這是我沒有辦法掌握的。但是誠心正意，絕不苟且。

祖師風範

回到馬祖大師的時代，那是偉大的時代，也是龍蛇混雜的時代，在他座下，各種人馬都有，有很了不起的修行人，也有不良少年，修行人常常在江西湖南這樣走來走去的，叫做走江湖，這詞其實是禪宗的話。馬大師門下有一個從小是不良少年，後來長大去修行的一代奇僧——鄧隱峰禪師，他就是要走也不好好走的那個，表演一指禪，倒立而走的。那他為什麼要走呢？因為在中國傳統的佛教裡，佛教的文明、人文程度是很高的，所以傳統裡，修行人是不可以現神通的，只有兩種人可以現神通，一種是示現瘋行者，就像濟公禪師，一種是他現神通，為恐怕惑異眾人，示現完就要入滅。不過也有例外，像西藏佛教在地形崎嶇，那麼多山精鬼怪的國土，佛法當然又是不同的因緣。

這鄧隱峰，他身居唐末大亂的時候，到處在打仗，官兵跟強盜，打到最後也不知道誰是強盜了，有一次他看到兩軍交鋒，心中不忍，當時他拿著錫杖，把錫杖往天空一丟，就飛身而過，結果兩軍打仗，突然看到一個人在天空飛，那還打什麼仗，就回家了。人家都會飛了，我們還打什麼？後來這個場景被引用到電影的〈蜀山劍俠傳〉裡了。

而鄧隱峰他現神通之後，就要入滅了，但是這個人是調皮鬼，他走也不好好走，就開始研究哪一種走的方法沒有人試過，發現倒立而死是沒有人試過的，於是他倒立而走，衣皆順體，就違反地心引力。每一個人去推都推不動，後來他老妹來了，那老妹一搔癢，他就倒下去了，他老妹怎麼搔的呢？點穴，點他死穴，她說：「你這個老兄，從小當不良少年，不孝父母，長大出家之後又不好好修行，到處弄奇弄怪的，現在死也來作怪，你真是……」就倒了！

馬祖大師座下的修行人是一日不作，一日不食，平時碰到他們都在種田，有一天碰到鄧隱峰推著推車出來了，結果這馬祖大師不知哪根筋不對，看到他推車出來，就在路上把腳伸出去擋路，鄧隱峰說：「師父！腳收起來！」沒想到馬祖大師說：「已展不縮。」腳伸出去了就不收回來，結果這鄧隱峰就說：「我已推不退！」就壓過去了，就走了。那馬祖大師就一拐一拐到了法堂，就去拿了砍柴的斧頭，大叫：「剛剛那個把我的腳碾傷的出來！」鄧隱峰就走出來了，然後把頭伸出去，馬祖大師作勢一砍說：「砍了，沒事，腳也傷了。」所以說日面佛、月面佛，一切處、一切時、一切境中，如是因如是緣，都是如是啊！

「一日不作，一日不食」的倡立者是馬祖大師的徒弟——百丈懷海禪師（七二〇—八一四），他在上堂參禪說法時，有一個老人常隨眾聽法，大家退了，他也退了，有一天大家退堂，他不退，坐在那邊，百丈禪師說：「前面坐的是何人？」這個老人回答：「諾，」就是「是」的意思，「某甲非人也，在過去迦葉佛的時候，因為曾住持山林，因學人問：『大修行人還入因果也無？』我對他說不落因果。所以有五百世落入狐身。現在請和尚代一轉語，為脫野狐。」什麼叫轉語呢？轉語不是腦筋急轉彎，是轉識成智用的。結果這個老人就問了：「大修行人還落因果也無？」百丈禪師師云：「不昧因果。」這句話怎麼說呢？

來！我跟大家講個清楚明白，這個老人就像是問你吃飯之後會不會需要上廁所？結果他當初跟人家講不會，所以說就變成野狐了。話要聽清楚啊！不要被迷惑了，被一些名詞搞得糊里糊塗的，什麼叫大修行人還落因果也無？就是吃飯後腸胃會不會排氣，或會不會需要便溺？結果他說不會，不落因果。怎麼可能呢？就是大修行人也會便溺阿！有吃飯就要排泄，這是很簡單的因果原則。

那麼不昧因果是什麼？我上廁所會臭，但是也能接受。就是不會被騙了。大修行人的排泄物是香的或是臭的，他都很清楚明白的。他不會「喔！好臭！」從此就不上廁所了，這就是不昧因果，我這樣比喻會不會太直接！（眾人笑）但同時是不是也很清楚呢？這句話就是那麼清楚明白，我沒有開玩笑。

這個老人終於知道了，於是他開悟了，但你看你們都知道吃飯後要上廁所，卻都沒有開悟，這因果的事情這麼清楚，為什麼沒有開悟呢？如是因、如是緣、如是果，只要飯吃了下去，經過消化系統這個緣，必然會有排泄這個果！這是一個很自然的循環，排泄物這些有機物質，進入大地裡面，再給大地滋養、長成農作物養活各位。不就是如是因、如是果嗎？這樣解釋因果法就讓各位忘不了了，因為太臭了！

所以老人言下大悟，大悟的時候，不管是香或是臭的，開悟就是開悟了，解脫生死。這老人作禮說：「某甲已脫野狐身，就在身後，敢告和尚祈依亡僧事已。」就說我已經走了，在身後，希望你用亡僧之事禮來送我。這師就白搥告眾，食後送亡僧，就是吃飯後，要送出家的亡僧。大眾十分驚異，一切大眾皆安，涅槃堂哪來的亡僧呢？「師領眾到山後巖下，見一野狐身，以杖挑出一死野孤，依亡僧法而為之火葬。」

所以不要想錯了，不要說錯了，不要作錯了。事情是清清楚楚明明白白的，各位啊！不要拿自己的生命開玩笑，也不要拿別人的生命開玩笑。欺人尚可，自欺不得，莫瞞自心，自己做什麼事情，自己清清楚楚的，所以說要「直心」，但很多人搞錯了，他的直心就是碰到什麼事情，很生氣就大聲說「你做什麼」，那說話不用如此嘛，他說「我是直心的啊」，我說「你是直接的貪、瞋、癡」，直心是什麼？是通佛心、通佛性的。是清清楚楚明明白白的，很多人說他是直腸子，那是因為用他的情緒直接跑出來，直心的人是溫柔的，敦厚的，是實實在在清楚的智慧跟慈悲。

好！現在有一個很困難的事情要問大家，這是一個兩難的事件，有一個禪師叫香嚴，他說：「如人上樹，」一個人跑到樹上去了，「口銜樹枝，手不攀枝，腳不踏樹。」樹下有人問：「如何是祖師西來意？」那如何是祖師西來之意，他若不回答就違他所問，若回答一張口又喪失生命，這時你怎麼辦？

所以無門禪師說：「縱有懸河之辯，總用不著。說得一大藏教亦用不著，若向者裏對得著？活卻從前死路頭，死卻從前活路頭。」怎麼辦？一拍雙泯。所以看好回答，回答要看好地方，一旦回答就掉到他的頭上去，把他壓死。這會不會太狠了？「其或不然，只待當來問彌勒。」你沒有辦法的話，就只有到雞足山，請彌勒佛告訴我，這是香嚴上樹的公案。

我們總是講平常心是道，那平常無心是不是道呢？管他道不道，是道，還管他是道嗎？所以現在大家講平常心，我想很多人平常大家都不「安好」心喔！所以我們且平常無心，能用就好，那怎麼用呢？吃飯時能吃飯，睡覺時能睡覺。

六祖惠能的悟道與實踐

各位現在能讀到的許多資料文獻，內容記載上難免會有出入，那是自然的。例如關於六祖惠能的記載中，有一個無盡藏比丘尼，她讀涅槃經的時候，被六祖聽到，就為她辨析宗義。

後來知道六祖不認識字啊，怎麼懂得道理呢？六祖說：「諸佛道理論，若舉文字非佛也」。這故事裡面說這是他還沒有去五祖朝謁前的，且眾人在那建了一個寶蓮寺，就是還沒有去參五祖前，就在那邊普化，有這樣的說法，但是一般來說是六祖直接去見五祖弘忍的。

這個故事中，第一個要各位看看，六祖惠能是一個不識字的人，來自嶺南新州，這嶺南住民在當時算是原始住民。他這樣的一個人，到了五祖弘忍的東山，各位想想看在那個時代裡，五祖弘忍是天下最著名的禪師，因為初祖、二祖、三祖都是單傳的，到四祖開始建立禪舍，到五祖是七百多個人了。古代的禪堂是不容易啊！一個七百多人的地方，住的地方是很麻煩的，吃呢？古代人又特別會吃，一吃就是一石，所以以前千人大鍋要炒菜時，炒菜人都要綁著繩索的，否則一掉進去就當加菜了，真的是如此啊！而且是用鏟子炒。這時已有七百眾，而六祖這個人是怎麼樣的心性，怎麼樣的自在呢！他來禮拜五祖，五祖問他說：「汝何方人？欲求何物？」惠能說：「弟子是嶺南新州百姓，遠來禮師唯求作佛，不求餘物。」這是不識字的惠能，邊遠地方的一個年輕人，一生只會砍柴的年輕人，他只是聽到旁人念了幾段《金剛經》，體悟到這是何等的心性，何等的自由，何等的自在，何等的活潑！你們是不是能體會你們心中的葛藤有多少，成見有多少？

各位再看看，六祖是如何在一個沒有成見的狀況下，在怎麼樣的一個不再輪轉、不去慣性思惟的狀況裡面講出以下的對話——

五祖言：「汝是嶺南人，又是獦獠，若為堪作佛？」這樣的氣勢，六祖怎麼回答呢？

惠能曰：「人雖有南北，佛性本無南北，獦獠身與和尚不同，佛性有何差別？」能這樣的面對的心性，便是自心要安，要能作主，如是能行不可思議的事。否則依著慣常的行為，依著人云亦云去走，百千萬劫也是在做那些事。

五祖這時欲更傳教法，但是見徒眾總在左右，乃令隨眾作務。這麼大的禪堂也是龍蛇混雜，大家來修行，但是各人心性各有不同，祖師怕害了他，因為他剛來沒有勢力，就讓六祖隨眾作務，這是方便。

惠能曰：「惠能啟和尚，」這小子實在是光芒太外露，他說：「弟子自心常生智慧，」這是吞山吞海的，「不離自性，即是福田。未審和尚教作何務？」他甚能了知空華佛事的妙用阿！

五祖云：「這獦獠根性大利，汝更勿言，」就是不要說話了，做什麼呢？「著槽廠去。」

惠能也聽懂了，就到後院去，有一個行者叫他去破柴踏碓，碓米經八月，什麼叫碓米呢？舂米，但是因為他體重不夠，所以腰綁石頭碓米。來增加重量。碓米要不要認真呢？如果說弟子自心常生智慧，隨隨便便碓米就好了，可以這樣子嗎？當然不可能。所以好好做事啊！你一切的工作是什麼呢？就是你的佛法啊！你的生活就是佛法啊！每個人都是對自己的工作，自己的生活，自己的家人，對所有的眾生負責，因為弟子心中常生智慧，如是作啊！

就像第三天時跟各位提到我偷了一個偈頌，神秀大師說「身如菩提樹，心如明鏡台」，我在後面偷了兩句「本來無一物，何處惹塵埃」，我當小偷偷來偈頌是有道理的，第一個是神秀他「有」，六祖以「無」對，那我把兩個合在一起做什麼呢？《金剛經》說「若以色見我，以音聲求我，是人行邪道，不能見如來。」這便是破「有」，如果不以三十二相八十種好見佛的話，是人斷滅，所以破「一切」，這樣是不是要努努力力地工作呢？污染不得，修證不無，是中道第一義。祖師是要破一切，入於本心，而我只是把他們兩個連在一起，作個文抄公，抄得我高興就好！

六祖的境界非常偉大，我繼續跟各位說一個公案、話頭，那所謂「公案」、「話頭」，很多人說是從黃檗禪師那時開始的，但是其實在《六祖壇經》裡，就有這樣的一個緣起。當五祖授衣缽與六祖惠能後，六祖遭遇到欲奪取衣缽者的追趕，其中一個叫惠明，他是那樣粗壯、猛力的人啊！其實他修行是有因緣的，他原是四品將軍，姓行麁慥，他追著六祖要搶衣缽，認為六祖怎麼可以把衣缽偷走呢？結果六祖惠能大師就把衣缽丟在石上，說：「此衣表信，可力爭耶？」所以碰到事情即知道開悟與否，不可能有「我是開悟的，我要跟你打架」這種事！

結果惠明至，卻提不動，他是那麼有力的人，怎麼會拿不動呢，這惠明是聰明人，他有學柔術，拿不動就要怎麼辦？就要跪下，這叫柔道嘛！

乃喚云：「行者！行者！我為法來，不為衣來。」且不論他初始的惡意，這時候他已放下了。所以惠能遂出，盤坐石上，惠明作禮云：「望行者為我說法。」這是一個有根器的人。

惠能說：「汝既為法而來，可屏息諸緣，」各位！平常教各位數息做什麼呢？屏息諸緣，因為你們沒辦法一下子放下，所以教你們數息啊！數息之後再把數息放下，所以「屏息諸緣，勿生一念，吾為汝說。」那你勿生一念，還數息做什麼？但是因為妄念很多，所以要數息。

因為這個惠明是有根器、又有功夫的人，所以經中說這時候「明良久」，惠明他攝心止念，攝心到定，攝心到未到地定。當然在禪宗裡不會講這樣攝心，為什麼要攝心？惠明也許他本來的禪法也能夠到這邊，但是在惠能這樣教導之後他的心會更攝持，就如同優婆離為佛理髮而入定一樣，這是禪師的方便。

惠能說：「不思善，不思惡，正與麼時，」這時候念頭停止，善惡不思，這時候有沒有作用？如果還黏在兩邊有沒有作用？所以這是生死交加之處，就要轉身啊，「那箇是明上座本來面目？」這不是話頭是什麼？

惠明於是言下大悟，但這時候要得印證，復問云：「上來密語密意外，還更有密意否？」除了這樣的密語密意之外，是不是更有密意呢？還有沒有？這個心還沒有止歇。惠能說：「與汝說者，即非密也。」跟你講就不是秘密了，法界哪有什麼秘密，法界都是如是因緣，只是你看不透，看透了不過就是無常嘛！所以一切放下，如是因緣，何愁不開悟呢？每天都有法身佛為你說法，早上起來洗冷水，冷喔！就是說法。洗熱水，熱喔！那洗溫水，剛好。這都是法啊！

所以「汝若返照，密在汝邊。」返照是返觀自照、迴觀返照，返照自心本來寂滅，返照就是現成，密在汝邊。

所以惠明說：「惠明雖在黃梅，實未省自己面目，今蒙指示，如人飲水，冷暖自知。今行者即是惠明師也。」惠能說：「汝若如是，吾與汝同師黃梅，善自護持。」各位，密意是不是在你那邊呢？從來也沒有離開過！

六祖有很多的故事，為什麼在解七時特別講惠能大師，因為從繁瑣的文字裡面，六祖惠能大師他回歸到自心，是實踐的方便，讓他宛如活出佛陀、成道者的生命，他以自身的德行來攝授弟子，學問是配合德行的。所有的語言文字，都是為了讓你智慧增長，道德增長的，讓你的功德增長，讓你的悲心增長，所以莫錯用心！煩惱在心，除之即悟。悟了，一切語言文字不過如此方便而已，希望大家切記！

誰不是佛呢

另一則公案，世尊在靈山大會上拈花示眾，此時眾皆默然，唯有迦葉尊者破顏微笑，世尊說：「我有正法眼藏，涅槃妙心，實相無相，為妙法門，不立文字，教外別傳，付囑摩訶迦葉。」結果無門禪師，怎麼說呢？無門禪師說：「黃面瞿曇，旁若無人，」這黃面瞿曇是誰？因為釋迦牟尼佛是黃種人，他的名字叫瞿曇，喬達摩。所以說釋迦牟尼佛是尊稱，有時候稱喬達摩，有時候說是瞿曇。「壓良為賤、懸羊頭賣狗肉，將謂多少奇特，只如當時大眾都笑，正法眼藏怎麼生傳？設使迦葉不笑，正法眼藏又怎麼生傳？若道正法眼藏有傳授，黃面老子誑謼閭閻。若道無傳授，為什麼獨許迦葉？」這些禪師說話都是針針見血！如果當時大家都笑了，這正法眼藏怎麼來傳？假使迦葉不笑，這正法眼藏又怎麼生傳？若道正法眼藏有個傳授，黃面老子狂戲語言，如有傳授，這是騙人的。若道無傳授，為什麼獨取迦葉？所以他寫了一個偈頌「拈起花來，尾巴已露，迦葉破顏，人天罔措。」迦葉不笑，大家搞不清楚，其實這個事情很簡單，大家都一笑，不是都有正法眼藏嗎，大家回家就好了，你們都笑了吧！拜託！不笑的話，沒有正法眼藏。

事到此了卻，誰不是釋迦呢？在我看起來，大家走一趟，已經成為釋迦牟尼佛。我做的是這個事，我也看到大家成就這個事。釋迦是釋迦行事、一一都是釋迦。

所以我寫了一個句子「青空不礙白雲飛，菩提伽耶好好玩」，是不是好好玩呢？大家珍重，如來！

來！我們要解七，

〈佛陀伽耶大覺禪七解七偈〉

來來去去，何時方休，
恁麼來，恁麼去，
就這麼成佛。
釋迦老子，正法眼藏，
涅槃妙心，就這麼付囑了。

咦！誰來付囑？

又誰被授記了？這筆糊塗帳，

且空劫前算，正與麼時，

先行解七，且道又有誰參禪？

喝！莫寐語，且休去。

解七！

好！七解了。

那七解了，我們要迴向，請大家合掌一起供養——

南無大智海本師釋迦牟尼佛！

法性覺都勝修証，禪七功德普迴向，

法界眾生成全佛，法界現成清淨土，

大覺禪七功德主，朝聖會館常住眾，

成就禪七大傑旅，菩提伽耶覺城眾，

圓滿菩提速成佛，世出世間咸圓滿，

一切眾願皆成就，福智具足到成佛，

禪七殊勝覺行者，如來授記真佛子，
迅疾成佛廣度眾，圓滿眾生共成佛，
闔家安喜妙福具，無災無障到成佛，
圓成佛城清淨國，領眾無畏觀自在，
祈願人間永和平，地水火風空災障，
暨諸人禍永寂滅，地球現成清淨國，
依此修証勝功德，迴向三寶大恩海，
世世父母深恩德，眾生國土微妙恩，
迴向四恩同成就，眾生成佛淨土成，
大力大定悲智圓，度眾成佛成普賢，
一切功德普迴向，法燈永明妙吉祥，
釋迦世尊佛心脈，傳承無盡勝燈明，
如是建立勝法幢，地球佛法明遍照，
淨土地球最勝行，法界同圓同全佛，
如來授記諸佛子，地球禪者會覺城，
金剛海誓大願鎧，十方三世同炳現，
佛陀金剛菩提場，菩提伽耶佛心城，

佛前同願同記莂，法海普覺遍十方，
如實迴向佛自心，自佛迴向自如來，
心即實相本遍覺，意即遍照佛法身，
語即廣大佛德聚，意圓成智眾識轉，
中道如實現全佛，如是身即釋迦尊，
四身同入會能仁，文佛入我大覺圓，
是心是佛心作佛，隨順現成釋迦佛，
廣大迴向法界眾，同成釋迦牟尼佛，
法界淨土同成就，平等遍覺南無佛，
南無大智海本師釋迦牟尼佛！（三稱）

好，謝謝大家！一切圓滿！

開悟講堂1

開悟之前—七個日夜迴照自性的印度禪堂

作　者　洪啟嵩
發 行 人　龔玲慧
總　監　王桂沰
責任編輯　莊寓安
執行編輯　彭婉甄
美術編輯　張育甄
謄稿協力　李季鴻、柯牧基、鄭燕玉、胡鴻達、呂月婷、黃成業、傅雪婷、謝育惠、沈宇涵、蘇怡玟
攝影協力　吳霈媜、郭耀仁、黃逸蓁、林金昌、林高情

出　版　全佛文化事業有限公司
訂購專線：(02)2913-2199　傳真專線：(02)2913-3693
匯款帳號：3199717004240 合作金庫銀行大坪林分行
戶名／全佛文化事業有限公司
E-mail:buddhall@ms7.hinet.net
http://www.buddhall.com
全佛門市：覺性會館・心茶堂／新北市新店區民權路108-3號10樓
門市專線：(02)2219-8189

行銷代理　紅螞蟻圖書有限公司
台北市內湖區舊宗路二段121巷19號（紅螞蟻資訊大樓）
電話：(02)2795-3656　傳真：(02)2795-4100

初　版　二〇二〇年一月
定　價　新台幣三五〇元
ISBN 978-986-96138-8-0（平裝）

國家圖書館出版品預行編目(CIP)資料

開悟之前：七個日夜迴照自性的印度禪堂 / 洪啟嵩作. -- 初版. -- 新北市：全佛文化，2020.12
面；　公分. --（開悟講堂；1）
ISBN 978-986-96138-8-0(平裝)
1. 佛教修持 2. 生活指導

225.87　　108022090

Published by BuddhAll Cultural Enterprise Co.,Ltd.

BuddhAll

BuddhAll.

All is Buddha.

BuddhAll